哲学がわかる

懐疑論

哲学がわかる

懐疑論

パラドクスから生き方へ

ダンカン・プリチャード　横路佳幸 訳

A Very Short Introduction

Scepticism

岩波書店

SCEPTICISM

A Very Short Introduction

by Duncan Pritchard

Originally published in English in 2019 by Oxford University Press, Oxford.

This Japanese edition published 2023
by Iwanami Shoten, Publishers, Tokyo
by arrangement with Oxford University Press, Oxford.

日本語版への序文

本書が日本語で読めることを大変嬉しく思います。この本で私が取り上げたのは、政治や科学を論じる場において懐疑があまりにも過剰になるとどういった影響が生じるのか、そして望ましい懐疑とは一体どんなものなのか、という問いです。こういった懐疑論にまつわるあれこれを考えるのは、いかなる場所であっても——たとえばニューヨーク、ドバイ、ブエノスアイレス、ケープタウン、東京のどこにいようとも——明らかに重要な意味を持っています。この特徴だけ見ても、本書は世界中のまだ見ぬ読者に広く届きうるものだと信じていますが、本書は特に、日本で手に取る皆様にとってなおさら特別な意味を持っている、と考えています。

世界には様々な文化が見られますが、なかには自分に自信を持つことを重視するあまり、自己主張が前面に出がちな文化があります(もちろんこれは一長一短です)。これに対して日本の文化は、謙虚であることを重んじ、自己主張をする場合でも控えめに行なう傾向にあるとよく指摘されます。もしこうした文化観が正しければ、そこから本書と関連する有意義な教訓を引き出すことができるでしょう。一方の自己主張の強い文化では、独りよがりで独断的な態度がときに見られますが、これを和らげるには、自分自身に対する懐疑の目を養う必要があります。他方で、謙虚であることを重んじる文化では、先回りの疑念を持ちすぎるあまりに自分に自信がない態度がときに見られますが、こちらは自分自身に対する懐疑の目を和らげることを学ぶ必要があります。本来、謙虚であることは、道徳的ないしは知的な徳(美徳)の一種で、傲慢で驕り高ぶった態度を是正するのに役立つものです。しかし謙虚さがあまりにも過剰になってしまうと、自分の能力や価値に否定的になり、自分に自信を持つことが難しくなります。やがて他人の意見ばかりを尊重して、自分の意見を大切にできなくなったり、信念を貫けなくなってしまうでしょう。こうして謙虚や謙遜を重要視する文化では、他者ではなく、ほかならぬ自分自身に対して過度に懐疑的になる土壌ができてしまうのです。

私が本書で目指したのは、程度をわきまえた健全な懐疑論と、極端で過激な懐疑論をうまく見極めることです。前者は知的な徳に根差したもので、誰もが積極的に取り入れるべき懐疑的な姿勢ですが、後者は懐疑が行きすぎて有害な影響をもたらしてしまう姿勢のことです。特に後者の場合、他人に対する懐疑が行きすぎると独断的な態度が横行し、かたや自分の意見に対する懐疑が行きすぎると自信喪失へと繋がります。しかしどちらにしても、人が極端な懐疑論に陥ってしまう背景には、その人が育ってきた環境や文化の影響が大いにあるのは興味深い点です(とはいえ、よく考えてみれば当たり前のことなのですが)。本書の懐疑論をめぐる議論が日本の読者の心に訴えかけ、最終的に「どう生きるべきか」を考える際の一助となることを心から願っています。

二〇二二年　カリフォルニアにて

ダンカン・プリチャード

謝辞

懐疑論は、私が哲学に夢中になるきっかけとなった原点であると同時に、いまでもふと気が付くと立ち戻ってしまう問題です。そのため、オックスフォード大学出版局のアンドレア・キーガン氏から、「Very Short Introduction」シリーズで懐疑論の本を書いてみませんかと誘われたとき、そのチャンスをみすみす逃すという選択肢は私にはありませんでした。原稿の準備に協力してくれたジェニー・ヌジー氏、本書の挿絵や写真の選定に協力してくれたデボラ・プロテロー氏、原稿を細部まで見事に推敲してくれたジョイ・メロー氏に感謝申し上げます。そして、オックスフォード大学出版局の二名の査読者の方々には、初期の草稿に数多くのコメントをいただきました。ここにお礼申し上げます。

現代の哲学的なテーマについて一般読者向けに語りかけようとすると、必ずある問題に直面します。それは、現代哲学の根本問題に切り込みながらも、学術としての哲学で用いられている専門用語をいかにして排除するか、という問題です。しかし、今回の執筆作業は幸運なものでした。というのは、オックスフォード大学出版局から声がかかったのと同じ頃、私はカリフォルニア大学アーバイン校の大規模公開オンライン講座(MOOC)を制作する機会に恵まれたからです。本の執筆とオンライン講座の制作はどちらも非専門家向けのプロジェクトでしたが、これらを並行して進める中で、懐疑的なものの見方は政治や科学などの公の議論の場においてしばしば利用されているのではないかと考えるようになりました（本書で説明しているように、正確には悪用されていると言うべきですが）。なかでも懐疑論は、問題を抱えたある種の相対主義的な立場を正当化するために利用されることが少なくないと気付きました。さらに言えば、懐疑論的なテーマを現代の諸問題という観点から捉えれば、哲学を専門としていない多くの人たちにも身近に感じてもらえるのではないかと思い至ったのです。私が制作したオンライン講座は、コーセラ（Coursera）というプラットフォームで無料で登録・受講することができます。詳細は、以下をご覧ください。

https://www.coursera.org/learn/skepticism

（同じプロジェクトの一環として、私の同僚であるアナリサ・コリーヴァ氏が中心となって制作した「相対主義」のオンライン講座もぜひご覧ください。こちらもコーセラでまもなく開講予定です。★1）

本書の執筆には、オンライン講座の制作への援助という形で、私の所属するカリフォルニア大学アーバイン校（UCI）から多大な支援をいただきました。プロジェクトの最初期から支えてくださった、学問の多様性、公平性、包括性を担当する教務担当副学長であるダグラス・ヘインズ氏、継続教育部門部長のゲイリー・マトキン氏、卓越性と革新性教育部門の学習体験デザインとオンライン教育部長のメーガン・ワンリン・リノス氏に感謝申し上げます。また、オンライン講座を制作する際に技術面で協力していただいた方々、特にラドナ・ミニス氏とクリストファー・ベラスケス氏に感謝します。さらに、本書の第1章と第4章にまつわる問題についてのパネルディスカッションに参加してくださった、ＵＣＩの先生方にも深くお礼申し上げます。ご参加いただいたのは、ＵＣＩの総長で、大学での言論の自由を熱心に擁護してこられたハワード・ギルマン氏、人文学部研究副学部長で、シェイクスピア研究の権威であるジュリア・ラプトン氏、教育と学習を担当する教務担当副学長で、科学の大衆化を提唱する物理学者のマイケル・デニン氏、バイオロボティクスの第一人者であるデヴィッド・レインケンズマイヤー氏です。

最後になりますが、妻のマンディと、息子のアレクサンダーとイーサンにお礼を伝えたく思います。マンディは、私の原稿を厳しくチェックし、数多くの貴重な示唆を与えてくれました。また本書は、私がこれまでに書いた本で初めてアレクサンダーに読んでもらった本になります。彼には初期の草稿に目を通してもらいました。彼にとってこれが私の本を読む最後の機会にならないことをささやかに願っておきます。

二〇一九年四月　アメリカはアーバインにて

D・H・P

目次

装幀・中尾 悠

図版一覧

1　懐疑論とは何か

懐疑論を導入する

懐疑論とは何か

一言で言えば、懐疑論（scepticism）とは疑念を抱くことである。何かについて懐疑的な態度をとるとは、それについて疑念を抱いているということだ。周囲を見渡せば、懐疑論は数多くの物事に見出すことができる。私たちは、他人に対して懐疑的な態度をとることがある。よく言われるように、中古車セールスマンに対する疑り深い態度がそうだ。[★1] 他にも、トピックないしは状況に対して懐疑的な態度をとる場合があるだろう。たとえば私たちは、星占いに基づく予言を怪しく思ったり、老朽化したエアコンは果たしてこの夏ももつだろうかと心もとなくなることがある。こうした様々な種類の懐疑論に共通しているのは、問題の物事を信頼してよいものか不審に思っている点だ。それは、中古車セールスマンの売り文句だろうと、星占いに基づく予言だろうと、エアコンの効き具合だろうと同じことである。要するに懐疑論は、信念(*belief*)、たとえばセールスマンの言っていることは信頼できるはずだという信念や、エアコンはこの夏もつはずだという信念を揺さぶるのである。★2 以下では、そのことに注目して見ていきたい。

簡単に騙されないために

程度をわきまえたものであれば、懐疑論は多くの場合よいものだ。実際、「健全な懐疑」を持つのは大切なことだと一般に考えられているが、これは要するに、他人の言葉を鵜呑みにしてはいけないということである。こうした点で、懐疑論は簡単に騙されないための有効な自衛策となるだろう。まさか誰も、騙されやすい人間になりたいとは思っていないはずだ。それどころか、それを前にすれば懐疑的にならざるをえないものすらある。先に触れた星占いの例で考えてみよう。星占いに基づく予言は、よく知られた問題を抱えている。予言の内容を事細かなものにしようとすると、その予言は往々にして外れてしまう。他方で星占いの予言は、どんな未来にも当てはまるほど漠然とした内容になることが珍しくないが、そうすると今度は予言が当たったとしてもほとんど意味がなくなってしまう。★3 さらに、星占いには科学的な根拠がないこともよく知られている。多くの科学者はとうの昔に星占いや占星術(astrology)に見切りをつけた。これとは対照的に、科学的な学問として認められたのは天文学(astronomy)である。したがって、上記の二点から、星占いの信頼性に対して懐疑的な態度をとることには十分な根拠があると言える。

健全な懐疑論(healthy scepticism)を実践すれば、騙そうとしてくる人たちに丸め込まれずに済む場合もあるだろう。冒頭の例で言えば、中古車セールスマンはできるだけ高い値段で車を買わせようとしてくる。そのことを私たちはよく知っているので、彼らの言うことは鵜呑みにせず話半分に聞くべきだと心得ているはずだ。もっと一般的に言えばこうである。よく知らない人がにわかには信じがたい話――たとえばイギリス国王が先ほど万引きで逮捕されたといった話――をしてきた場合には、私たちは懐疑の本能を働かせて、この証言をそうやすやすと信用しないよう用心せねばならないのだ。これは何も、信じがたい証言は一切受け付けてはならないということではない。信じがたく思われた場合には、その他の根拠も探してみるべきだということである。たとえば、イギリス国王に関する仰天すべき話の真偽を確かめるには、テレビをつけてニュース番組をチェックしてみるとよいだろう。

「科学を疑う」とはどういうことか

このように健全な懐疑論は特定の物事だけを懐疑する。しかしこの懐疑論は、油断するといとも簡単に極端で大規模な懐疑論へと変貌してしまう。ここで特に焦点となるのは、この種の懐疑論、すなわち過激な懐疑論（*radical scepticism*）として知られるものだ。例を挙げよう。昨今の気候変動の原因が人類の活動にあることについては、科学上で広く合意が得られているが（図1）、現代社会ではそのことに懐疑的、ひいては科学全般に対して懐疑的な態度をとる向きが存在する。こういった一部の懐疑論的傾向を私たちはどのように考えたらよいのだろうか。この種の懐疑論は、星占いをめぐる懐疑論とは似て非なるものであることに注目してほしい。星占いをめぐる懐

図1　気候変動．昨今の気候変動の原因が人類の活動にあることについては，科学に基づいた合意がはっきりと得られている．近年見られる数々の気象現象（写真にある2017年のカリフォルニア山火事など）との関連性についても同様である．しかし，非常に著名な政治家の中にはこのことを否定する者もいる．

疑論の方は、科学が信頼できるという考えを根拠としている。というのも科学とは、私たちを取り巻く世界がどうなっているかを正しく理解するための代表的な方法だと考えられているからだ。しかし、科学全般に対して懐疑的な態度をとった場合には、そうした懐疑論はもはや科学に基づくものではありえない。もし、科学に頼っていてはこの世界のことなど何もわからないままだと断じて、科学の信頼性を失墜させてしまったら、私たちの信念は一体何を根拠にすればよいのだろうか。ここで生じているのは次のような懸念である。いまや健全な懐疑論は、それとは似ても似つかない大規模な懐疑論へ姿を変えてしまっているのではないか、と。

ここで別の言い方をしてみよう。特定の主張、たとえば星占いの予言や中古車セールスマンの売り文句を疑うべき理由などいくらでもあるかもしれない。だがこうした小規模な(*localized*)懐疑は、私たちがすでに知っている事柄を根拠としている。たとえば、星占いが非科学的であることを私たちはよく知っているし、中古車セールスマンの思惑がどんなものかも経験上承知している。しかし、小規模な懐疑がもっと大規模な懐疑へと変貌してしまい、科学的な主張を全面的に疑ってかかるようになると、懐疑論はすでに知っている事柄を根拠にできなくなるだろう。懐疑の根拠としてどういったものを挙げるにしても、その根拠自体もすべて懐疑の対象になってしまうからだ。つまり、信頼できる事柄に基づいていた小規模で健全な懐疑とは打って変わって、大規模ないしは広範囲の懐疑は根拠や知識を根底からぐらつかせてしまう。これは憂慮すべきことだ。

図２　ポスト真実／事実の政治．2017年のドナルド・トランプの大統領就任式の後，ある疑惑が浮上し，物議を醸した．その疑惑とは，政府が発表した公式写真は，群衆が実際よりも大きく見えるように――そして過去の就任式と比べて見劣りしないように――編集・加工されているのではないか，というものだ(あるいはこれは，トランプのアドバイザーを務めていた人物が当時述べたように「もう１つの事実(alternative facts)」の一例とでもいうのだろうか)．上の写真は，2013年のバラク・オバマの就任式に集まった群衆(左)と2017年の群衆を比較したものだ．

過激な懐疑論の悪影響①――真理を顧みなくなる

過激な懐疑論が万が一、私たちの社会生活に浸透したとすると、その影響はあらゆる活動に及ぶだろうが、その多くはあいにく好ましいものではない。影響が懸念されるものの一つは、正しさと真理に対する関心が薄れてしまうことである。たとえば、「偽りの事実（false facts）」や「ポスト真実の政治（post-truth politics）」（図2）といった現代社会における現象を考えてみよう[★4]。こういった現象がはびこると、人々は公の場で口から出まかせを言ってもまったくお構いなしといった態度をとるようになる。過激な懐疑論は、こうした態度にお墨付きを与えてしまうだろう。なぜならば、ありとあらゆるものが懐疑の対象となってしまえば、真理として受け入れられるものなどどこにもないことになり、その結果、真理と呼べるものはいまの状況から一つ残らず零れ落ちてしまうからだ。

過激な懐疑論の悪影響②――真理の相対主義が蔓延する

真理と正しさへの関心が失われてしまうと、過激な懐疑はすぐさま、真理に関して広く行きわたっている考え方である相対主義（*relativism*）へと姿を変える。相対主義とは、各人が真理だとみなすものは何でも真理となるという立場のことだ。たとえば、ある陣営の人々は、科学的な根拠に基づく合意を支持して、気候変動は人類の活動が引き起こしたと考えているが、別の陣営の人々によれば、科学者たちは大衆を煽動しようとする世界規模の巨大な陰謀論に加担していると主張する。このとき、相対主義によるとどちらの陣営も正しいことになる。なぜならば、彼らにとって真理とは、各人一人ひとりの好みや感想に相対的なものにすぎないからだ。

このようにどちらが本当に正しいのかをまったく意に介さず、対立する陣営同士はどちらも正しいと認めることは、最初のうちこそ解放的な気分にさせてくれるかもしれない。しかし、これは幻想にすぎない。紛糾し合っている陣営がどちらも正しいと述べることは、両陣営はどちらも間違っていると述べるのと同じくらい中身のないことを述べているからである。客観的な正しさという考えそのものを捨て去ってしまったら、もはやどれが正しくてどれが正しくないかもどうでもよくなってしまうだろう。しかし、物事を正しく理解することは、私たち誰しもにとって重要な問題であるはずだ。

このことを実感するには、あなたが極めて切実だと考える状況を思い浮かべてみればよい。たとえば、あなたは重大犯罪の罪に問われてしまったが、それはまったくの濡れ衣だったと想像してみよう。真実が明るみに出て無罪を勝ち取ることは、あなたにとって極めて切実なことである。しかし十分な証拠が揃い、無罪判決が無事下った後も、原告の人々が懲りずに、相対主義よろしく次のように主張し続けたとしたらどうだろう。「証拠がどうあれ、問題の犯罪にあなたが手を染めたことは紛れもない「真理」だ」と。自分たちに不利な物的証拠や証言を一顧だにしない彼らの言い分に、あなたは腹が立たないだろうか。そこであなたはきっと、彼らの主張は間違っていると考えるだろうし、そう考えることは実際に正しいはずだ。だがこのことは、真相はどうなっているかという客観的な意味での「真理」がまさしく重要であることの証左にほかならない。当たり前のことだが、真相がどうなっているかについて、矛盾する二つの説明が同時に正しいことなどありえない。あなたは問題の罪を犯したのか、それとも犯していないのかの二つに一つだ。そしてもし本当に罪を犯していないのだとしたら、犯したと主張する人たちは(絶対的に)間違ったことを述べているのだ。これは決して、その人たちの個人的な感想次第で相対的に真となるようなことを述べているわけではない。

健全な懐疑論と過激な懐疑論を見極める

小規模で健全な懐疑論は懐疑の対象を特定の主張だけに絞るのに対し、大規模で過激な懐疑論は懐疑の対象を大幅に拡張する。だがそうすると、過激な懐疑論はこれまで述べてきたような様々な弊害をもたらしてしまう。それでは、この二つの懐疑論を適切に区別するにはどうしたらよいのだろうか。この問いこそ、私たちが本書で探究したい問題だ。この目的を果たすため、以下で私たちはまず、いかなることも知りえないということを示そうとする有名な哲学的論証を検討する(第2章)。もしこの議論が成功したとすると、その成功は先に見た大規模な懐疑論を確立するための一つの根拠となるだろう。しかし、のちに見るように、この種の懐疑論に対しては、実際には数多くの応答が存在する(第3章)。また私たちは以下で、人間らしく豊かに繁栄した人生、すなわち「よく生きる」とは何かを説明しようとする哲学上の学説を取り上げる(第4章)。この学説では、いわゆる徳(virtues)が議論の中心に据えられ、小規模で健全な懐疑論は、実際には徳の一種である知的な徳に基づいていることが明らかとなる。大雑把な言い方になるが、ここで言われる徳とは、人間らしく豊かに繁栄することを実現する性格特性のことで、なかでも知的な徳とは、正確さや真理といった、到達すべき知的な目標に関わる特性の一種である。最終的に私たちは、懐疑的な態度がいかにして知的な徳の説明のうちに入り込んでいるかについて思索を巡らし、それを通じて健全な懐疑論とそうでない懐疑論の境界を見定めることになるだろう。

真理・相対主義・誤りうること

「みんな正しい」は正しいか

直前の節で私たちは、真理の相対主義に遭遇した。この立場によると、何が真であるかは各人の主観的な感想に相対的であるため、あなたの感想が他の誰かの感想と食い違うとしてもまったく問題はなく、どちらも正しくありうる。しかし、真理の相対主義が世間の評判ほど説得力あるものではないのは先に述べた通りである。誰もが正しいのだとしたら、誰もが同じだけ間違っていることになるからだ。つまり、ある見解が正しいか正しくないかを判断するためには真理という客観的な概念が必要になるが、そもそもその概念が失われてしまったら、その見解が正しいかどうかはどうでもよくなってしまうのだ。しかしながら、私たちは明らかに物事を正しく理解することに対して大きな関心を払っている。それは、各人にとって切実な事柄の場合、たとえば冤罪であるのに重大犯罪の罪を問われるといった場合にはなおさらだ。別の例を挙げると、ある医師があなたの手術を担当することになったとしよう。このとき、あなたがきっと切実な関心を寄せるのは、その手術が客観的に認可された適切な医療行為に基づいて行なわれるかどうかであるはずだ。担当医の個人的な好き嫌いに基づいて手術が行なわれたとしたら、たまったものではないだろう。

なぜ相対主義は人を惹きつけるのか①——好きな食べ物との類比

とはいえ、真理の相対主義が好ましくない立場だとしても、それに惹かれる者が跡を絶たないのは一体どうしてなのだろうか。これに対しては複数の理由が影響していると私は思う。一つには、個人の感想にすぎない問題もたしかにあるという事情を挙げることができるだろう。好きな食べ物、面白いと思うもの、好みの映画などがその例だ。これらはどれも個人の感想という枠を出るものではない。具体的に言えば、私は甘いものが好きではないが多くの人は甘いものを好んで食べるという事実には、何らおかしいところはない。しかし、実際には好き嫌いの問題で、個人の感想にすぎない事柄が少なからずあるとしても、すべての事柄が個人の感想という問題になるわけではない。

例として、ある科学者集団が新しい惑星を発見したと主張するとしよう。このとき、彼らの主張は真であるか偽であるかのどちらかだ。つまり、彼らが説明する惑星は実在する、もしくは実在しないかの二つに一つだ。この問題に個人の感想が入り込む余地はない。なぜならば、ある事柄が本当に真なのかを問うとき、私たちが知りたいのはその事柄が客観的にそうなのかどうかであって、誰かがそう思っているかどうかではまったくないからだ。

（余談だが、好きな食べ物といった好き嫌いに関する主観的な問題について語る場合であっても、真理が存在しないというわけではない。「私は甘いものが苦手だ」という主張を取り上げよう。多くの人と違って甘いものが苦手だということは徹頭徹尾、私個人の主観的な感想だ。しかし、「私は甘いものが苦手だ」というのが真であること自体は、個人の感想というわけではない。まして、「多くの人は甘いものを好む傾向にある」というのが真であることもまた、個人の感想ではない。先の惑星の事例と同じように、私は甘いものが好きか嫌いかのどちらかであり、嫌いならば「私は甘いものが嫌いだ」という主張は真になるからだ。逆に好きだとすれば、その主張は偽となるだろう。そうしたこと自体は相対的なものでも個人の主観的な感想というわけでもないのだ[★5]。）

なぜ相対主義は人を惹きつけるのか②——議論相手を尊重できるという誤解

相対主義に惹かれる人が少なからずいるもう一つの理由として、それが表向きには解放的な気分にさせてくれるだけでなく、同意しかねる人たちの意見を尊重する一つのやり方であるという点が挙げられる。ある論争を評価するとき、一方だけの肩をもつ必要はなく、どちらの陣営も（各陣営の主観的な感想から見れば）正しいと宣言してやればよい。これは、関係者全員の意見を尊重する一つのやり方ではないだろうか。しかしながら、実際にはこれはまったくの誤解であり、相手の意見を尊重することから程遠い。相手の陣営の人々が述べているのは、自分たちの主張が個人の感想にすぎないということではなく、自分たちの主張こそ真であるということにほかならない。つまり彼らは、自分たちは正しいが、反対者たちは間違っていると述べたいわけだ。しかし、もしこれを「彼らは単に相対的な真理を主張したにすぎない」と読み替えてしまうと、彼らが自分たちの主張で述べようとしていたことから逸脱し、彼らの主張は真でも何でもないものになるだろう。だが、彼らが述べようと意図していたのはそんなことではない。彼らは、自分たちの主張が実際に(つまり客観的に)真であるということを述べたいのであって、自分たちの主張が個人の主観的な感想にすぎないということを述べようとしたのでは決してない。要するに、彼らは「自分たちこそが正しく相手の意見は間違っている」と主張したいのであって、「どちらの陣営も(相対主義的な仕方ではあるが)真なることを述べている」と主張する気など毛頭ないのだ。★6

これと同じことは、他人の主観的な感想だけでなく、自分自身の感想にも当てはまる。あなたが心から大切にしている信条、たとえば倫理や政治、宗教に関わる信条を考えてみよう。いま、これらの大切な信念と、あなた個人の主観的な感想にすぎないような主張の二つを比べてみると、大切にしている信念が真だと考えているからこそ、あなたは倫理や政治上の信条を持てるはずだ。しかし、ここで言われる「真」とは自分の個人的な感想以上のものではないと啖呵を切ったとして、あなたは一体いかなる慰みを得るというのだろうか。当のあなたもまさか、自分にとって強い思い入れのある信条が、甘いものが好きかどうかといった単なる好き嫌いの問題にすぎないとは思わないだろう。

具体的な例を挙げよう。いまあなたの目の前に、政治的な見解がまったく相容れない人々が現れたとする。おそらくあなたは西洋的な自由民主主義を支持していると思うが、彼らは強力な指導者によって統治される全体主義国家を支持している。もしこの対立が単なる好き嫌いの問題だとすれば、意見の衝突と呼べるものなど何もないことになるだろう。それはちょうど、甘いもの

図３　相対主義と芸術．真理の相対主義は，社会的・政治的には悪影響をもたらすかもしれないが，相対主義的な考えそれ自体は20世紀前半の芸術界を広く活気づけた．たとえば，ロシア・アヴァンギャルドの画家であるリュボーフィ・ポポーワ（1889-1924）によって描かれたこの絵画（1915年の《哲学者の肖像》）がその好例である．

がおいしいかどうかについて誰かと「対立する」ことには何の意味もないのと同じだ（甘いものを私はおいしく思わないが、多くの人はおいしく思っているにすぎない）。しかしながら、社会の政治体制は私たちが営む生活に直接影響を及ぼすものである以上、そこには明らかに無視できない対立が存在し、意見を戦わせずにはいられない問題がある。これは単に、甘いものが好きではないと私が言うと、きっとあなたがそうするように、軽い調子で肩をすくめてみせることで終わるような問題ではないのだ。

なぜ相対主義は人を惹きつけるのか③――私たちはいつでも誤りうる

私が思うに、一部の人々が相対主義に飛びつくもう一つの理由として、私たちの判断はいつでも誤りうること（可謬性／*fallibility*）が挙げられる。誤りうることが意味するのは、私たちの下す最善の判断ですら誤っている場合がある、ということだ。私たちは、間違えることのない不可謬の動物ではない。これは科学にも当てはまるだろう。目下のところ最善でしっかりとした土台を持つ科学理論を打ち立てたとしても、時代が進んでいくと、もっと優れたまったく別の科学理論が登場し、最終的に古びた見解は新しいものに跡形もなく置き換わってしまうかもしれない（何といっても、太陽が地球の周りを回っていて地球は回っていないという考えはかつて広く支持を得ていたのだ）。しかし、間違えたり勘違いしたりする可能性が常につきまとうのだとしたら、私たちはどれだけ自信を持って自分たちが正しいと言えるだろうか。とりわけ、私たちが信じている事柄は単なる個人の感想ではなく、本当に真であって、しかものちに偽だと判明するようなものでもまったくないということに、私たちはどれだけ自信を持てるだろうか。以上の理由を考慮に入れるならば、客観的な真理という考えを捨て、その代わりに真理を相対的なものとして扱ってもよいのではないか（図3）。

懐疑論と相対主義の違い

ここで、重要なポイントをいくつか引き出すことができる。第一に注目すべき点は、誤りうること（可謬性）の議論は、相対主義ではなく主に懐疑論を正当化しようとしているということだ。このことは、両者の違いを振り返るのによい機会となる。思い出してほしいが、懐疑論は、懐疑の中でも特に真理についての懐疑に関係するのだった。そのように理解するとき、懐疑論者は、相対主義者のように真理とは個人の感想にすぎないと主張したいわけではない。懐疑論を支えているのは実のところ、私たちの信念は客観的な意味で真ではないかもしれないという懸念なのだ。しかし先述した通り、懐疑論は、広範囲に行きわたるようになるとやはり相対主義に陥る可能性がある。どんな物事も疑ってかかるようになると、最終的には客観的な真理などどこにも存在せず、すべては個人の感想の問題にすぎないと考えたくなるからである。

誤りうるという可能性は、私たちが非常に強い自信を持っているものでさえ疑ってかかる理由を与えてしまう。それゆえ、私たちはいつでもどこでも誤りうるという懸念は、相対主義というよりも主として懐疑論を正当化するのに利用される。かつて多くの人々が強い自信を持っていた事柄であっても、のちに誤りだったと判明することは珍しくない(太陽が地球の周りを回っているという天動説がその好例だ)。だとすると私たちは、現在信じている事柄をことごとく疑ってかかるべき理由を持っているように見える。相対主義はこのとき間接的にしか議論に登場しない。つまり、懐疑論が拡大していくと相対主義を招くといった先述の論点を介することでようやく、相対主義はいまの議論に登場するにすぎない。

誤りうることは必ずしも懐疑論を導かない

懐疑論を支持する論証の中には優れたものもあるとはいえ——この点については、次章である有力な論証を検討することになる——ある根本的な問題がある。その問題とは、私たちはいつでも誤りうると訴えるだけでは、私たちの信念が真であることに対して懐疑的な態度をとるべき正当な理由にはならない、というものだ。もちろん、あなたが誤ってしまう可能性は常にある。しかしそのこと自体は、あなたがいま信じているあらゆる事柄(もしくはいま信じている事柄の大部分)に対して懐疑的な態度をとるべき正当な理由にはならない。懐疑的な態度を正当化するには、その個々のケースであなたが誤っていると考えるべき個別具体的な理由が必要だ。

このことを理解するため、日常的な状況を思い浮かべてみよう。たとえば、目の前の樹木がオークの木かどうか尋ねられる場面を想定してほしい。その判断を下すのが私であるとき、樹木の識別に関して私はあまり信頼に足る者ではないので、この判断に関しては懐疑論を支持する根拠が生まれることになる。しかしこのケースを、これまで様々な種類の樹木を取り扱ってきた樹木の専門家が判断を下すようなケースと比較してみよう。もちろん、専門家が誤った判断を下す可能性は依然としてないわけではないが、それでも私の場合とは違って、そうした可能性はほとんどありそうにない。専門家レベルの知識を持つ者が広くありふれたオークの木を見間違えるのは、率直に言って信じがたいからだ。ここで重要なのは、誤っているかもしれないという可能性を単に持ち出すだけでは、何かに対して懐疑的な態度をとる正当な根拠にはならないということである。いまのケースで言えば、専門家の判断に疑念を抱く根拠になるのは、専門家が誤っていることを示す個別具体的な理由であって、人は誰でも誤りうるという可能性ではない。

こうした点は、科学の活動を見ればわかるように、検証という形で具体的な行動に移してみることもできる。科学者は、自分たちの研究成果が誤りを含んでいる可能性を公然と認めており、この可能性は現に、科学の構造のうちに組み込まれている。科学的に十分に確証された最善の理論ですら誤りを含んでいるかもしれないという事実こそが、理論を絶えず検証することへと科学者を駆り立てているのだ。たとえば、実験結果におかしなところがないかチェックするために他の科学者が追試したり、「ブラインド」で実験を行なうことで実験結果の解釈からバイアスを取り除いたりする。[★7] 他にも、科学理論から導かれる予測をテストにかけるなど様々な活動がある。こうした活動は、科学の理論をできるだけ多くの検証に晒《さら》し、可能な限り正確なものにするために行なわれる。しかしより重要なのは次の点だ。すなわち、ある理論がこのような仕方で十分に検証されたとしたら、依然として誤った理論である可能性は拭えないとはいえ、その理論に対して懐疑的な態度をとるべき特別な理由はもはやどこにもない。再三述べてきた通り、個別具体的な理由もなしに、誤っているかもしれないという可能性をただ持ち出すだけでは、懐疑的な態度をとるべき正当な根拠にはならないのだ。

知識とは何だろうか

知識は真なる信念以上のものである

ここまで私たちは、真理と信念に焦点を当ててきた。しかし私たちは、真理をただやみくもに信じるのではなく、真理を知ろう(*know*)とする。他方、懐疑論者の思惑通りに話が進んで、普段信じていることを疑ってかかるよう仕向けられると、私たちはどんな知識も持ち合わせていないことになるだろう。なぜならば、正しいとはもはや信じられないことを知っていることなど不可能だからだ。そしてこれこそが、懐疑論者の最終目標である。つまり、知っていると考えている事柄がもしあるとしても、その大半を私たちは実際には知らないのだと説き伏せ、さらに私たちがこれまで真だと思い込んできた事柄すべてを疑ってかかるように仕向けることが、彼らの目標なのだ。

あることを知るとは、そのことを単に信じること以上のものである。なぜかと言えば、人は無数にある不適切な仕方で信念を形成できてしまうからだ。たとえば、まぐれで的中した憶測は知識とは言えない。他にも、どれだけ支離滅裂な話でも即座に信じ込んでしまう、とことん騙されやすい人を想像してみよう。この人物が聞かされる話の大半は真っ赤な嘘なのだが、たまに本当の話も聞かされるとする。だとすると、聞かされる話を一切合切信じ切ってしまう以上、この人物が信じる話には多少の真実も混ざることになる。しかし、こうした一部の信念はたしかに真ではあるものの、明らかに知識の名に値しない。たとえ信じた内容が結果的に真だったとしても、聞かされたことを手当たり次第信じるような仕方では知識を得ることなどできない。[★8] 信じ込みやすいというのは、それがたとえ真理を偶然つかみ取る場合でも、知識に至る道からは外れている。

それゆえ、知識には単に真理を信じること以上のものが必要だ。ただし、真なる信念以外に知識に必要なものとは何かを問いかける前に、ここで少し、知識には少なくとも真なる信念が必要だということが一体どういうことなのかを考察しておこう。

知識の特徴①——命題知と方法知

まず注目すべきは、ここで取り上げている「知識」とは、命題知(*propositional* knowledge)という知識の一種ということだ。その名の通り、これは命題に関する知識を指す。命題とは、物事が特定の状態であることを説明する言明を指している。たとえば、パリはフランスの首都であるという命題や、2の2乗は4であるという命題を挙げることができる。何かがそうなっている(パリはフランスの首都である)と信じるとき、私たちが信じている内容こそが命題だ。したがって、私たちが何かあることを知っているときには、その知っている内容とは真なる命題だと言える。

どのような知識も命題の形になるというわけではない。たとえば、能力の知識、すなわち方法知(*know-how*)を考えてみよう。私は、自転車の乗り方、泳ぎ方、プラグへの配線方法などをはじめ、たくさんのことを知っているが、こうした能力の知識は命題知とは明らかに異なっている。たとえば、自転車の乗り方は知っていても、私は自転車に乗りながらどのような動作を具体的にこなしているのかうまく説明できない。そして、よく考えてみればわかるように、能力の知識は多くの場合そういうものだ。何かのやり方を知っていることは、たいていそのやり方を説明するような命題一つ一つを知っていることとはまったく違うのだ。[★9] いずれにせよ、知識には単なる真なる信念以上のものがあると述べるとき、私たちはその「知識」が(信念と同じく)命題的であることを前提としている。

知識の特徴②——真理を必要とする

続いて、知識には真なる信念が必要だという主張を考察してみよう。偽なる知識（すなわち偽なる命題についての知識）はありえないのだろうか。たしかに、知識を持っていると十分合理的に想定できるが、知っていると思い込んでいるだけでその内容が実は偽であったと判明するケースは珍しくない。この代表例は天動説である。何世紀も昔の人々は、太陽は地球の周りを回っていることを知っていると思い込んでいた。しかし、ある命題を知っていると思い込んでいることは、その命題を実際に知っていることとは似て非なるものである。また、ある命題を知っていると合理的に考えることでさえ、その命題を実際に知っていることとは同じではない。太陽が地球の周りを回っているというのは偽であるため、そう信じ込んでいた何世紀も前の人々は誰も、自分が信じていることを実際には知らなかったのだ。彼らは単に知っていると思い込んでいただけにすぎない。

知識の特徴③――誤りうるし絶対確実でもない

ただし、知識には真理（つまり真なる信念）が必要になるとはいえ、誤りえないこと（不可謬性／infallibility）が必要になるわけでも、まして確実性（certainty）が必要になるわけでもない。たとえば、周囲がどうなっているかに関する知識の大半は、見たり聞いたり触ったりなどして感覚を通じて得られるが、これは知覚的な知識（*perceptual knowledge*）として知られる。感覚は、ときに私たちを欺くため明らかに誤りうるものだ。例を挙げれば、錯覚のせいで実際には存在しないものが見えることがあるし（たとえば、まっすぐの棒を水中に入れると曲がって見える）、薬物の影響下にある人は幻覚を見てしまうことがある。しかしながら、感覚が仮に誤りうるものだとしても、私たちは知覚的な知識、つまり感覚を通じて得る知識をまったく持てないわけではない。というのも、実際にはないオアシスが目の前にあるかのような幻覚を見ている人は、たしかに目の前にオアシスがあるという知覚的な知識は持てないが、だからといってそのことは、(誤りうる)知覚能力が幻覚を生むことなく正常に働いているような通常の状況でも知識をまったく持てないことを意味しないからだ。相対主義の文脈ですでに指摘したように、私たちがときどき勘違いしたり間違ったりすることは、いま私たちが信じているあらゆることに対して懐疑的な態度をとるべき正当な根拠にはならない。同様の理由で、誤っているかもしれないという可能性だけではやはり、私たちが何らかの事柄を知っているかどうかに対して懐疑的な態度をとるべき正当な根拠にはならない。私たちが持っている知識には誤りの可能性が常に付きまとうものの、だからといってそれが正真正銘の知識でなくなるというわけではないのだ。

同じことは確実性についても当てはまる。たしかに、知っていることの中身(命題)について絶対的に確信できる場合もある。しかし、絶対的な確信は知識に必須というわけではなく、それどころか知っているにもかかわらず確信できない場合もよくあるはずだ。たとえば、いま私は、自分の車が我が家の車庫にあると信じている。その場所は先ほど私が駐車した(とはっきりと記憶している)場所であり、この辺りの地域では車の盗難など滅多に発生しない。それに、運転するのに必要な車のキーは私しか持っていない(そして車のキーは私のポケットに入っている)。こうしたことから、車が我が家の車庫にない可能性はほとんどありそうにない。もし私の信念が真で、実際に私の車が車庫にあるならば、私はそのことを知っていると多くの人は認めてくれるように思う。しかし、私はいまの主張内容に絶対的な確信を持てるだろうか。まあ、かなりの自信はあるとはいえ、絶対的な確信があるわけではない。というのも、車を最後に見てからすでに数時間が経過しているし、私が離れている間に盗難事件が発生したという、まったくないとは言えない可能性などを考え出すとキリがないからだ。けれども、当人の信念が絶対確実ではないからといって、その信念が知識でなくなるわけではない。

要するに、知識には真理が必要となる一方で、誤りえないことや確実性は必要ではないということだ。これは次のことを意味する。すなわち、懐疑論者が私たちから知識を剝ぎ取りたく思うのであれば、彼らは、私たちが誤りうる方法で信念を獲得していることや、いま信じていることについて私たちが確信を持てない場合が多いと示すばかりではなく、それ以上のことをせねばならない。では、彼らはどのような方法で懐疑が尽きぬことを正当化するのだろうか。

知識の特徴④——正当な理由を必要とする

先ほど、知識には単なる真なる信念だけでは不十分であることを確認した。そろそろこの主張を再検討すべき頃合いだろう。というのも、知識とただの真なる信念の間のギャップこそ、懐疑論が効力を発揮する場であるからだ。先述の通り、ただの真なる信念は、まぐれで不適切な方法——たとえば人の言うことを信じ込みやすい性格——によっても獲得できる。そうしたケースにおけるただの真なる信念は知識とは呼べない。では、真なる信念を知識へと変えるには、一体何が必要なのか。この点について、現代の認識論者たちは百花繚乱の提案を行なってきたが、一般的には、知識には少なくとも正当な理由に基づいた真なる信念が必要だと考えられている。

より正確に述べれば、知識を獲得するのに必要なのは、当の信念が真であると考えるべき正当な理由だ。「正当な理由」をこのようにやや回りくどく表現するのにはわけがある。それは、ある命題を信じるのに正当な理由があるとしても、その理由は必ずしも、自分の信じていることが真と考えるべき正当な理由にはならないからだ。次のような例を考えよう。ある人物があなたの頭に銃口を突き付け、「宇宙人の存在を信じない限りお前を撃つ」と脅してきたとする。こうした状況では、あなたは明らかに宇宙人の存在を信じるべき正当な理由を持っている。射殺されずに済むにはそう信じるしかないからだ。しかし、宇宙人の存在を信じないと銃弾を浴びてしまうというのは、宇宙人が存在することは真と信じるべき正当な理由とは言えないだろう。そうした理由は、問題の内容を信じておくとメリットがあるという意味での単なる打算的理由にすぎない。つまり、生きたいと願う限りはそう信じる方が得策ということにすぎない。

これとは反対に、科学者が宇宙人を発見し、その存在を報告した場合だと、宇宙人が存在することを真と考えるべき正当な理由ができたことになるだろう。科学者は自分たちが何について語っているかをよくわかっており、適切な観察を行ない、いまの主張を裏付けるために証拠を収集し検証したはずだ。ある信念が真であると考えるべき理由は、認識的理由（*epistemic* reasons）として知られている（そう呼ばれるのは、真理や知識などに関わる哲学分野は認識論（*epistemology*）と呼ばれ、その専門家は認識論者（*epistemologists*）と呼ばれているからだ）。一般に、知識とは正当な理由に基づく真なる信念である。そこで「正当な理由」として想定されているのは、打算的理由ではなく認識的理由、すなわち当の信念が真と考えるべき理由のことなのだ。

騙されやすい人はなぜ知識を持てないのか

当てずっぽうや単なる騙されやすい性格によって信念を形成している人に欠けているのは、まさにこうした種類の正当な理由である。真なる信念が単なる当てずっぽうによって生まれるとき、認識的理由であろうとそうでなかろうと、当てずっぽうの内容を信じるべき正当な理由はない。もっとも、人の言うことを簡単に信じてしまう騙されやすい人でも、自分の信念内容を信じるべき正当な理由があると考えることくらいはあるかもしれない。というのも彼らは、どれだけ支離滅裂な話だとしても聞かされたことはすべて信じるべきだと考えているからだ。しかし、彼らが当の内容を信じるべき理由は、当然のことながら正当な認識的理由にはならない。なぜならば、聞かされた話を何でもかんでも信じ込むことは、真なる信念の形成方法としてはよくない方法だからだ。

いまの論点は、騙されやすい性格とはかけ離れた人々と対比してみるとよりはっきりとする。こうした人々は、証言に基づいて信念を形成する場合でも、認識的に適切な方法によって——たとえば、誰の証言を受け入れるべきかについて慎重であったり、聞かされた話の妥当性を吟味するなどの方法によって——信念を形成する。宇宙人の存在を信じているが、その理由として、信頼できる報道機関の報道を通じて科学者たちの証言を注意深く聞いたからだと述べる人々を考えてみよう。そうした人々は、なぜ宇宙人の存在を信じるのかと問われたら、自身の信念を裏付ける様々な種類の正当な認識的理由をいつでも挙げることができるだろう。たとえば彼らは、宇宙人の存在を教えてくれた人物は当該の主題について信頼できると知っている人物だと述べるかもしれない（この分野で働いている科学者は、自身の主張がきちんとした科学的根拠に基づいているかどうかによって自分たちの評価が大きく左右されることをよくわかっているので、実際に信頼できるはずだ）。彼らは他にも様々な認識的理由を挙げるはずだ。宇宙人の話は、情報ソースの厳しいチェックで名高い各報道機関で報道されている、といった具合に。

そのため、人の言うことを簡単に信じ切ってしまうことは、仮に真なる信念に繋がる場合でも知識へと至る道からは外れているが、真なる信念をより慎重な仕方で獲得するのであれば、他人の証言から知識を得ることは可能である。特に、自分の信念が適切に形成されたかどうかに注意を払うことは、正当な認識的理由が生まれる契機となる。この認識的理由のもとで形成される信念は、信じやすく騙されやすい性格のもとで形成される根拠のない信念とはまったく別物だろう。そして、真なる信念が認識的理由に適切に基づいている限り、その信念は知識になりうるのだ。

懐疑論は真偽ではなく理由の有無を標的にする

ここでようやく、懐疑論者の論法がどういったものかを理解することができる。その論法とは、どの人も自身の信念を裏付けるための正当な認識的理由など持ち合わせていないと示すこと、そしてそれゆえにどの人も知識を欠いていると示すことだ。もしこの証明が成功したとすると、当人の信念は仮に真だとしても、信じ込みやすく騙されやすい性格によって(もしくは単なる当てずっぽうで)信念を形成する人と何ら変わりがないことになる。

その際注意しておくべき点は、こうした論法で懐疑が正当化されるとき、それは信念が偽であると主張しているわけではないということだ。実際、懐疑論者の提起する疑念とは裏腹に、当の信念は問題なく真かもしれない。だが懐疑論の眼目は、**当の信念は仮に真だったとしても正当な認識的理由に乏しく、それゆえに知識にはならない**という点にある。つまり、懐疑論者は私たちの信念が本当に真かどうかを標的にする必要などまったくないのだ。ここで、相対主義に関する議論を振り返ってみよう。真理の相対主義によると、真理とは各人の主観的な感想に相対的なものにすぎない。だが真理の相対主義それ自体は、いま問題になっている懐疑論が提起している問題とはまったく無関係である(仮に相対主義を適切な根拠のもとで擁護することができたとしても、だ)。過激な懐疑論者が述べているのは、私たちは客観的な真理についての知識を欠いているということである。このことは、知識は持っていないが客観的に真である信念を持っていることと矛盾しない。そればかりか、知識は持っていないが主観的に真である信念を持っていることとも矛盾しないだろう。要するに相対主義は、とりわけ客観的な真理についての知識を標的とする懐疑論とはまったく無関係なのだ。[★10]

誤りうるとしても知識を持つことはできる

先に述べた他の論点も思い出そう。なかでも、懐疑があまり興味深いものにはならなかったケースを思い出してほしい。そのケースとは、知識は誤りえないものである、ないしは確実性を持ったものであるという主張に基づいて懐疑が正当化される場合だ（実際には知識はどちらも必要としないのだが）。同じことは、特に認識的理由を標的とする懐疑論にも当てはまる。人は、何か真なることを信じるべき正当な理由を持つことができ、そのおかげで知識を獲得することができる――これは、たとえその理由が誤りうる、もしくはその理由を絶対的には確信できないとしてもそうである。実際、先に見た、科学者の証言に耳を傾けることで、宇宙人が存在するという信念を適切に形成する人々のケースでは、問題の認識的理由は決して誤りえないとは言いがたく、科学者自身もそうした根拠に基づく信念を絶対的には確信できない。それでも彼らは、こうした仕方で真なる信念を形成することを通じて知識を持つことができる。

誤っている可能性があると主張するだけでは、懐疑を正当化するのには不十分だという点も再び思い出してほしい。知識は誤りうる方法によっても獲得できる場合があるのだから、間違っている可能性がごくわずかに残るときでも、人は正真正銘の知識を持つことができる。知識の獲得が困難になるとすれば、その原因は間違っている可能性が無視できないほど高いことにあるのであって、間違っている可能性それ自体にあるのではない。信じ込みやすく騙されやすい性格から信念を形成すると、誤ったことを信じてしまう可能性が無視できない程度に高いだろう。どんなに支離滅裂なことであっても聞かされたことをことごとく信じてしまうのなら、どうやっても偽なることを信じてしまうからだ。これとは反対に、科学者の専門的な証言に耳を傾けることで科学的な信念を形成することは、間違いについて深刻なリスクがあるわけではない。もちろん、その場合でも間違っている可能性はゼロではないけれども、知識へと繋がることは妨げられないのだ。

懐疑論の要件

そこで、ここからはある種の懐疑論に焦点を当てていきたい。それは、真理や誤りえないこと、確実性を標的にするのではなく、私たちが信念の根拠として持っている認識的理由を標的とするような懐疑論である。この種の懐疑論が主張するところでは、私たちの信念には正当な理由がなく、そのせいで私たちは一切の知識を欠く。この主張は、私たちの信念が真であることとまったく矛盾しないため、懐疑論者はどの信念も偽であると主張する必要はない。その代わりとして、懐疑論者は次のことを示す必要がある。すなわち、自分たちの懐疑論は、知識とは誤りえないものであるという主張や、信じていることを絶対的に確信せねばならないという主張を前提とするものではないということだ。これにくわえて、懐疑論者は次のことも証明せねばならない。すなわち、自分たち懐疑論者は、間違っている可能性が無視できない程度には高いことを主張の根拠にしているのであって、人はいつでも間違えたり勘違いしてしまう可能性があると主張したいわけではないということだ。ところがこうした厳しい要件のもとでも、ある手法を用いれば、認識的理由を標的とする懐疑は正当化されることになる。この手法は次章で明らかとなるだろう。

懐疑論と不条理

そもそもなぜ懐疑論は問題なのか

しかし、こうした種類の懐疑論の考察へと軸足を移す前に、次の疑問を検討することで本章を閉じることにしよう。すなわち、私たちが保持しているように思われる広範な知識を実際に持っていることは、なぜそれほど重要なのだろうか。私たちはみな知識の大半を実は欠いているという過激な懐疑論の主張をまともに受け入れることなどできるのだろうか。私はできないと思う。これについては第4章で詳しく掘り下げることになるが、ここでは前置き程度のことを述べておきたい。

仮に懐疑論者の言うことが正しいとして、あなたは知識の大半を実は持っていなかったとしよう。このように述べると、懐疑論は非常に抽象的な主張を行なっているように思われるかもしれない。ところが、この主張が私たちの日常に対して多大な影響を及ぼすことは比較的容易に確認できる。考えてもみてほしい。あなたは、自分の両親が本当に自分の両親なのか知らないのだ。あなたは、自分の友人が本当に自分の友人なのかも知らない。自分の人生、つまりあなたが覚えている過去の大切な思い出にくわえて、あなたがこれまでに成し遂げた快挙やいまでも誇らしく思う出来事についても、あなたは何一つ知らない。つまり、あなたの知識が及ぶ限りでは、家族や友人は誰一人存在していないし、思い出に残っているたくさんの出来事も最初からなかったということだ。

第2章で見ていくように、過激な懐疑論者は、あなたは知識を欠いていると主張するだけではなく、より正確には、あなたがいま信じていることを信じるべき正当な認識的理由をあなたは一切持ち合わせていないと主張する。このため、「仮に知識を欠くとしても、周囲の人々の存在や思い出を信じるべき正当な認識的理由はあると言える」と主張することは反論として無力である。過激な懐疑論はそういった主張で対抗できる代物ではないのだ。なぜかと言えば、懐疑論者の指摘するところでは、人は知識を欠いているどころか、周囲の人々の存在や思い出を信じるべき正当な認識的理由すら一切持ち合わせていないことになるからだ。つまり、あなたは単に、自分の両親が本当に自分の両親なのか知らないばかりではなく、両親と思って接してきた人物が本当に自分の両親であると考えるべき正当な認識的理由すら一切持ち合わせていないということである。より正確に言えばこうだ。あなたが両親だと思って接してきた人物が実際にあなたの両親であるかどうかはさておくとしても、その人物があなたの両親であるということが真だと考えるべき理由をあなたは一切持ち合わせていないのが問題なのである。そしてこのことは、あなたの両親についての信念だけでなく、あなたが関心を寄せるあらゆる信念に当てはまる。

人生を無意味にする懐疑論

懐疑論が日常に忍び寄ることの意味を理解すれば、懐疑論の結論を甘んじて受け入れることがなぜそこまで問題なのかわかるはずだ。想像してみればわかるように、懐疑論に忠実に生きるこ

図4　不条理．私たちの人生が無意味になるパターンはいくらでもある．その1つが，人生が完全に無益なものになるパターンで，ギリシア神話に登場するシシュフォスが送るよう宣告された人生はまさにその典型例だ(上の絵は1548年頃にティツィアーノによって描かれたものである)．

とは、自らの存在を不条理なもの(*absurd*)とし、ひいては無意味なもの(*meaningless*)としてしまうのではないだろうか。人生を無意味にする手段はいくらでもある。たとえば、シシュフォスの人生を考えてみよう。ギリシア神話の登場人物であるシシュフォスは、大きな岩を丘の上に転がし、それが転がり落ちるのを見ることを永遠に繰り返すだけの刑に処せられた(図4)。シシュフォスの人生は明らかに無意味だ。彼は完全に無益なことをしているのだから。だがもし懐疑論が正しいのだとすれば、それは別の仕方で人生を無意味にするだろう。懐疑論の場合、人生はどちらかと言えば無益というより馬鹿馬鹿しいものになる。自分の人生を彩るごく基本的な事実さえ金輪際知らないのだとしたら、自分という存在はそれでも有意義だとどうして言えるだろうか。突き詰めれば、すべてのことがどうでもよくなってしまうだろう。目に映るものが現実だと考えるべき理由すら、どうせどこにもないのだから。

この点についてはのちほど触れたいと思うが、差し当たっては次の点を確認しておくだけで十分だ。すなわち、私たちの送る人生にはどのような意味があるかという問いに対し、過激な懐疑論は破壊的な帰結をもたらすのである。これは、ある意味で実存に関わる問題にほかならない。だとすれば、先に述べたような、過激な懐疑論がもたらす社会的な弊害を脇に置いたとしても、それは真剣に向き合わねばならない困難として残る。過激な懐疑論は、私たちの存在までも不条理なものにしてしまう危険性をはらんでいるのである。

2　知識はありえないのか

懐疑論を振り返る

過激な懐疑は正当化できるか

この章では、ある有力な論証について見ていきたい。その論証とは、私たちは多くのことを知っていると思い込んでいるだけで実際にはどれも知らない、と示そうとする論証だ。もしこの論証がうまくいってしまうと、過激な懐疑にお墨付きを与えてしまうだろう。第1章の議論を思い出そう。そこでは、私たちが持っている知識の大半を一挙に疑う大規模ないしは過激な懐疑論は、特定の主張を疑うだけに留まる小規模な懐疑論から区別されていた。これまで見てきたように、私たちは合理的な理由に基づいて(中古車セールスマンや星占いなどの)特定の事柄に対して懐疑的な態度をとる。その点、小規模な懐疑論は合理性の面から見ればまったくもって健全だと言えるはずだ。合理性の面で少なからず問題があるように見えるのはむしろ、過激な懐疑論の方である。

実際、過激な懐疑が定着してしまうと、何が正しくて何が正しくないかなど歯牙にもかけない人が多くなり、社会生活を送る上で無数の弊害が生じる可能性がある。しかも問題はこれだけではなく、過激な懐疑論は人生を無意味にすることもすでに指摘した通りだ。

しかし、こうした過激な懐疑を正当化しようとしても、第1章で見た通りそれはなかなか一筋縄ではいかない。私たちはときに間違えたり勘違いしたりすること、もっと言えば人間は誤りを犯しやすい動物だとただ指摘するだけでは、過激な懐疑を正当化するのにまったく不十分である。すでに明らかにしたように、知識は決して誤りえないものである必要はなく、実際ときに間違いや勘違いをしてしまうとしても私たちは紛れもなく知識を持つことができるのだ。さらに、知識は絶対確実である必要もない。信じている事柄について確信を持てない場合があるとただ指摘するだけでは、やはり過激な懐疑を導くことはできないのである。

認識的理由、再び

では、もし過激な懐疑がこれまで見てきた方法ではうまく正当化できないのなら、正当化できる方法は果たしてあるのだろうか。ここでようやく、本章のトピックである論証が顔を出す。この懐疑論的論証のポイントは何かと言えば、私たちは自分たちの信念が真だと考えるべき正当な理由を一切持ち合わせていないと示すことにある。

ある信念が真と考えるべき正当な理由は、認識的理由と呼ばれていたことを思い出そう。こうした理由は、単なる打算的理由からはっきりと区別される。ある事柄を信じるのに打算的理由が生まれるのは、内容の真偽はどうあれ、その事柄を信じること自体に何らかのメリットがある場合である。これと対照的に、認識的理由とは当の信念が真と考えるべき理由のことだ。認識的理由は真なる信念を支えるもので、自分が一体何を信じているかを知りたいと思う際に必要となる。したがって、これから検討する過激な懐疑論的論証は、信念を支えているこの種の理由が私たちには欠けていると主張することになるだろう。

一つ忘れてはならないことがある。それは、懐疑論的論証は私たちの信念を支えている認識的理由を標的としており、私たちの信念が本当に真であるかどうかは問題にしていないことである。言い換えれば過激な懐疑論は、私たちの信念は総じて偽であると主張しているわけではない。過激な懐疑論が主張しているのは、私たちの信念は正当な認識的理由によって支えられておらず、それゆえに私たちは知識を持っていない、ということだ。仮に私たちの信念が総じて真であったとしても、知識に値しないケースはままある。たとえば、聞かされる話を何でも信じ込んでしまう非常に騙されやすい性格の人は、真なる信念を少なからず持っているかもしれないが、だとしてもその人が多くのことを知っているとは言いがたいだろう。したがって、次の二つの論点はまったく別なのだ。すなわち、私たちの信念が実際に真であることと、私たちの信念が仮に真だとしてもそれが知識に値すること（つまりその信念が真だと考えるべき認識的理由を私たちが持っていること）という二つの論点である。

デカルト的懐疑論

方法としての懐疑

前節の議論を念頭に置きながら、過激な懐疑論を正当化する論証を実際に組み立ててみよう。これ自体は現代の哲学者たちが洗練させてきた論証ではあるが、歴史を遡《さかのぼ》れば、古くはルネ・デカルト[★1](一五九六―一六五〇)の著作、特に『省察』で登場したものである。このことから、この形式の懐疑論はデカルト的懐疑論と形容されることが多い(もっとも、デカルト自身が提示した実際の論証とは重要な点でいくつか異なっているのだが)。なお、いまの過激な懐疑論的論証は、外界についての懐疑論(*external world scepticism*)と呼ばれることも多いが、この理由については後述する。

本題に入る前に一つ注意を促しておきたい。それは、デカルト自身は過激な懐疑論者というわけではなく、まして過激な懐疑論が導く結論を認めるべきだと宣言したわけでもないということだ。過激な懐疑論に相当する議論を提起する際、デカルトが関心を持っていたのは、いわば方法としての懐疑である。当時彼は、知識の確実な基礎を見出そうと躍起になっていた。そこで取り入れたのが、自分自身の信念を可能な限りすべて疑うという方法である。これは「懐疑の方法」と呼ばれる。このようにデカルトは、私たちの信念全体が本当に信頼できるかを検証する厳しいテストとして懐疑論を利用したのである。そして、決して疑いえない信念を見つけ出せば、この厳しいテストに合格できるともデカルトは考えていた。彼の考えでは、この信念こそ私たちが持っている他の信念全体を支える絶対確実な不動点であり、私たちのあらゆる知識はまさしくこの不動点に基づいている。どの知識も元を辿ればそうした確固たる認識的基礎に支えられているのであれば、懐疑論が突き付ける困難から知識を守り抜くことができるだろう。こうした認識論的プロジェクトは、現在では基礎づけ主義(*foundationalism*)として知られている。[★2] それゆえデカルトが実行したプロジェクトは、たしかにその論証過程で懐疑論的論証を援用してはいるものの、全体として見れば明らかに反懐疑論的なものである。

「われ思う、ゆえにわれあり」

デカルトは、懐疑の方法を使えば決して疑いえない不動点を発見できると主張した。この不動点はあなたもどこかで聞いたことがあるだろう。彼の有名な言葉「コギト・エルゴ・スム(*cogito ergo sum*)」(短縮して「コギト命題」としても知られる)の出番である。異論がないわけではないものの、この言葉は普通「われ思う、ゆえにわれあり(I think, therefore I am)」と訳される。[★3] デカルトが当時考えていたことを整理すると次のようになる。人は、自分自身が信じていることの大半を疑うことができる(なぜそのようにデカルトが主張したかについては後述する)。しかし、人は誰しも、自分自身の存在については決して疑いえない。なぜならば、疑っている限り人は何かを考えるはずだが、何かを考えるためには、そもそも考えている自分自身が存在しなくてはならないからだ。だとすると、自分自身が存在するという信念だけは決して疑いえないもので、まさしくこれが私たちの知識を下支えする確固たる認識的基礎になるはずである。簡潔に言えば、デカルトは知識の基礎となる確実性を探し求め、その結果決して疑いえないものとしてコギト命題を標榜することにより、自分自身の存在こそ絶対確実な真理だと示そうとしたのである。

デカルト特有の基礎づけ主義に限れば、こうした考えは目下のところ人気を博するには至っていない。ところが、この基礎づけ主義を何とか正当化しようとデカルトが打ち出した過激な懐疑論は、興味深いことに、当時から現在に至るまで哲学的なインスピレーションを与え続けてきた。デカルト特有の基礎づけ主義が人気を集めなかった理由はいくつかあるが、その一つは彼の認識論的プロジェクトには致命的な問題があったからである。なかでも神の存在（および神の認識的誠実性）への訴え方には大きな問題があると普通考えられている。[★4] その一方で、デカルトの考案した過激な懐疑論が、抗しがたい魅力を長らく放ち続けていることにもきちんとした理由がある。それは、こんにちでは過激な懐疑論的仮説（*radical sceptical hypothesis*）として知られる重要な理論的革新が展開されているからである。

過激な懐疑論的仮説の二つの特徴

単純に言えば、過激な懐疑論的仮説とは間違いの可能性を提起するものだが、この仮説には他にない二つの重要な特徴が備わっている。一つは、私たちの普段の生活と何ら変わりがないように見えるストーリーに基づいていることである。もう一つは、このストーリーでは自分が信じていることはほぼすべて偽であることである。過激な懐疑論的仮説は、この二つの特徴を備えている点で、私たちが普段遭遇する間違いの可能性とは一線を画するものとなる。ここで、第1章で見たありふれた間違いの可能性を思い出そう。それは、我が家の車庫には車があると自分では信じているものの、実際は盗難にあっており車庫にないかもしれないという可能性だった。このストーリーが現実のものでないことは簡単にわかる。なぜなら、家から出て車庫に車があるかどうか実際に確かめるだけで、盗難の可能性を否定することができるからだ。さらに、このストーリーは車の駐車場所に関する特定の信念を疑っているが、これは自分が持っているほんの一部の信念を疑うものであって、自分の信念全体を丸ごと疑いにかけるものではない。この点でも、過激な懐疑論的仮説は日常に潜む間違いの可能性とはまったく異なっている。

過激な懐疑論的仮説①——デカルトの「夢」

デカルトは『省察』の中で、二種類の過激な懐疑論的仮説をとても鮮やかに提示している。一つ目の仮説は、自分はいま非常にリアルな夢を見ているという可能性である。夢はときにいかにも現実らしく、自分は目を覚ましていると夢の中で思い込んでしまうことすらある。だとすると、自分がいままさに五感で感じ取っているありとあらゆることは実際には夢かもしれず、この可能性は少なくとも誰も否定できない。つまり、自分が夢の中にいることにすら気付けないほどリアルで現実さながらの夢をいままさに見ていることは十分にありうる。もし本当にこうした夢を見ているとしたら、その様子は、目を覚まして過ごしている普段の生活の様子と何ら見分けがつかないはずだ。たとえば、目を覚ましているかどうかを確認しようとして身体をつねることは、この状況ではもはや意味がない。なぜならば、もし夢を見ているとしたら、身体をつねって痛みを感じること自体が夢の一部にすぎないからである。

こうした現実さながらのリアルな夢を見ているとき、本人は身の回りの世界（つまり「外界」）をいつも通りに感じ取ることができる。だが、本人が感じ取っているものは外界と一切繋がっていない。それどころか、夢に登場するあらゆるものは本人が想像力で生み出したものだ。つまり、現実さながらの夢を見ている状態では、何かを見たり触れたりしているように感じられるとしても、その「何か」はどれも想像力の産物にすぎない。そのため、外界がどうなっているかについて、夢を見ている本人はほとんどの場合間違ったことを信じてしまうだろう。たとえば、自分では多くのことをこれまでに経験してきたと思っているが、それに対応する出来事は現実には一切生じておらず、夢で見たことを本当の出来事だと勝手に思い込んでいるだけかもしれない。この場合、過去の出来事についてあなたが信じていることはすべて偽である可能性がある（デカルトよりもはるか昔、中国の哲学者荘子[★5]（前三六九—前二八六）が述べたように、自分とは蝶になる夢を見ている人間であって、人間になる夢を見ている蝶ではないとどうして知ることができようか）。

いまや私たちは、普段の生活と何ら変わりがないように見える間違いの可能性に直面している。この可能性のもとでは、私たちが持つ信念の大半が偽となってしまうだろう。なぜならば、あなたが現に持っている信念はその大部分が外界に関するものだからである。過激な懐疑論的仮説は、こうして私たちの前に立ちはだかる。ただし、この過激な懐疑論的仮説は数ある信念の中でも外界についての信念に焦点を当て、その信念が真であることに対して疑問を投げかけている点には注意しておく必要がある。デカルト的懐疑論がときに外界についての懐疑論と呼ばれるのはこうした理由からである。

過激な懐疑論的仮説②——デカルトの「悪霊」

先述した通り、私たちは夢とは何であるかよく知っており、夢が私たちをどう欺くかもよく知っている。しかしデカルトに言わせれば、夢に基づく過激な懐疑論は、もっと極端で超自然的な間違いの可能性へと誘導するためのものにすぎない。その極端な間違いの可能性とは、この世界には悪霊が存在し、この悪霊は悪意に満ちた性格と能力から私たちを秘密裏に騙している、というものである。見間違いや錯覚に代表されるように、五感で感じ取るものは正確無比ではなく、ときに誤りうるものだと私たちは知っている。だとすると、五感で感じ取るものを常にミスリードさせる悪霊のような存在は——私たちが発見することは不可能だとしても——ありえないと本当に言い切れるだろうか。例を挙げよう。私たちが本当は水に浮かんでいる場合でも、おそらくこの悪霊は、森の中を歩いているような感覚を生じさせることができるだろう。他にも、本当はほの暗い洞窟の奥底にいるにもかかわらず、まるで山頂にいるかのように私たちを錯覚させることができるかもしれない。もちろん、にわかには信じがたい可能性ではあるものの、このストーリーは決して不可能ではないと思われる。だが、私たちがこれほど見事に騙されてしまうのだとしたら、外界にあるものを本当に感じ取っているという状況と、感じ取っていると錯覚しているだけの状況をうまく見分けることなどできそうにない。さらに、こうした欺かれた状態では、何かを感覚で感じ取ることによって生まれる信念はその大部分が偽となるだろう。現に、自分では山頂にいると信じ込んでいるが、本当は洞窟の中にいる事例がそうである。

以上からわかるように、「悪霊」が提起する間違いの可能性は、夢に基づくストーリーとよく似ている。どちらも私たちの感覚経験の信憑性を疑問視し、外界がどうなっているかについての信念が本当に真なのか疑ってかかるよう、私たちをけしかけている。しかし、この二つの懐疑論的ストーリーは、どういった範囲の信念を疑問視するかにおいて異なっている。特に、悪霊に基づく懐疑論的仮説では、自分の感覚経験が信頼できないプロセスに変わっているが、実際にはそれだけでなく、想像しようと思えばどのような信念形成のプロセスも信頼できないものにすることが可能である。

ここで、算数を例にとって「4+4=8」という真理を考えよう。この単純な計算結果は夢に基づく懐疑論的仮説の影響を受けないと想定するのが自然だろう。たとえ私たちの感覚経験から生まれる信念がことごとく偽だったとしても、夢の中でもこうした単純な計算を行なって、そこから真なる数学的信念を持つことは十分可能ではないだろうか。ところが、悪霊に基づく仮説となると次の点が際立って問題となる。すなわち、悪霊はあなたの感覚経験に干渉するのと同じような手順を踏んで、あなたが心の中で行なう計算過程にも干渉することができるのだ。そうしたとき、初歩的な計算をしているように思わせ、正しい計算結果が出たかのように錯覚させておいて、実際には根本的に間違った計算をするよう仕向けることがありえる。正常な場面では「4+4=8」と信じることに十分な確信を持つはずだが、悪霊の影響下では、同程度の確信をもって「4+4=2」という信念を抱いてしまうのである。もしこんなことが可能だとしたら、私たちが持っている信念の大部分は自分たちでは偽だと見破れないものになるだろう。間違いの可能性がある信念はいまや、外界についての信念――特に、ときに錯覚を生む感覚経験というプロセスを経て形成される信念――だけではない。感覚とは関係のないプロセスで形成される信念、すなわち簡単な計算をはじめとする、一見すると非の打ちどころのない論理的なプロセスの結果生まれる数学的な信念さえも誤りうるものなのだ。

悪霊が導く間違いの可能性は、夢に基づく仮説よりもさらに過激な懐疑論的仮説である。それは、外界と関係する信念が本当に真であるか疑問視するだけでなく、外界とは一切関係しない信念が本当に真であるのかすら疑問視する。ただし、悪霊に基づく過激な懐疑論的仮説でも真かどうか疑問視できない信念がたった一つだけある。それはやはりコギト命題だと思われる。裏返せばこのことは、悪霊に基づく間違いの可能性がいかに広範囲の懐疑を呼び込むものであるかを物語っている。

あなたは水槽の中の脳なのだろうか

過激な懐疑論的仮説③――水槽の中の脳

一七世紀を生きたデカルトは、悪意に満ちた悪霊の存在を本気で考えることにあまり抵抗がなかったかもしれない。しかし、宗教の力が弱まり科学が席巻しつつある現代では、悪霊を用いた思考実験はやや空想的にすぎると感じる人が少なくないだろう。とはいえ、それでまったく問題はない。なぜならば、超自然的な存在者など持ち出さずとも、それとよく似た懐疑論的特徴を持った間違いの可能性はいくらでも作り出せるからだ。いまから見ていくように、映画の中で描かれるストーリーはそうした可能性の宝庫である。

例として、ハリウッド映画、特に『マトリックス』でお馴染みのケースを紹介したい。これは、悪霊に基づく過激な懐疑論的仮説を現代風にアレンジしたものだ。いま、ずらっと並んだ人間の身体から脳を「収穫」しているマッドサイエンティスト集団がいると想定してみよう。彼らの目的は、収穫した脳を栄養剤がたっぷり入ったタンクの中で生かしながら、スーパーコンピューターを使って各々の脳に感覚経験を「供給」することである。こうした脳を「水槽の中の脳(brains in a vat)」、略してＢＩＶと名付けよう。このとき重要なのは、各々のＢＩＶが受け取る感覚経験

図５　水槽の中の脳．私たちは身体を持った人間であり，社会のもとで他者と交流しながら生活を送っていると誰もが考えている．しかし本当は，身体から切り離された脳で，栄養剤たっぷりの水槽に漂っているにすぎず，さらにスーパーコンピューターから経験を「供給」されながら生きているだけの脳なのかもしれない．

は、普段の生活を送る上で得られる感覚経験と何ら見分けがつかないことである(図5)。また、各々のＢＩＶは誘拐され水槽に入れられたときのことをまったく覚えていない。つまりどのＢＩＶも、自分がスーパーコンピューターの作り出した疑似的な仮想空間の中で生活していることにまったく気付いていない。たとえば、友人や同僚と楽しく会話したり、車に乗って買い物に行ったりするなどして、各々のＢＩＶはあたかも普段とまったく変わらない生活を送っているかのように見たり感じたりしている。しかし、こうした感覚経験はすべて、水槽に接続されたスーパーコンピューターが作り出した感覚経験にすぎず、実際には何一つ本当の出来事ではない。したがって、各々のＢＩＶが信じていることの大半は真ではなく偽である以上、彼らはほとんどの知識を欠いていることになる。要するに、各々のＢＩＶは盛大に騙されているわけだが、その原因はデカルトが思い描いた超自然的な存在者にあるのではなく、今回は最先端の科学技術を悪用してＢＩＶの感覚経験を操っているマッドサイエンティスト集団にあるのだ。

とはいうものの、ＢＩＶに基づく過激な懐疑論的仮説は、デカルトが編み出した悪霊のストーリーとやはりよく似ている。スーパーコンピューターから偽りの感覚経験が供給されている限り、各々のＢＩＶは身の回りの世界がどうなっているか見たり触れたりすることはできず、外界から完全に遮断されている。しかし、スーパーコンピューターが捏造《ねつぞう》しているのは感覚経験だけに留まらない。それはありとあらゆる経験を自由自在に捏造できるだろう。したがって、悪霊の場合とまったく同じように、自分では簡単な計算をして非の打ちどころのない推論を行なったと思い込んでいるが、現実には計算らしいことは何もしていないということもありえる。いまの懐疑論的ストーリーは、デカルト的懐疑論に独特な外界についての懐疑論の一例であるばかりでなく、外界とはまったく関係しない信念が真であることすら疑問視することができるのだ。

もちろん、ＢＩＶをめぐる話はあまりにＳＦ的ではある。だが、誰もこのストーリーが現実のものであるとか、将来現実化しそうだとは述べていないことに注意してほしい（デカルトも、あなたを欺く悪霊が本当に実在するとまでは主張していなかったのと同じだ）。現時点において懐疑論者は、この仮説の可能性を強調しているにすぎない。つまり、将来現実化することはそうそうないとしても、ＢＩＶの仮説はありえないわけではないと主張しているのだ。そしてこれはその通りだろう。何もこのストーリーは原理的に不可能な事態を描いているわけではない。そうである以上、ＢＩＶをめぐるストーリーが可能であること自体は認めるべきである。

過激な懐疑論的仮説④——夢うつつの世界

もしかすると、ＢＩＶのストーリーには無理があり、絶対にありえないと考える人がいるかもしれない。だがそう思われた場合には、また別の過激な懐疑論的なストーリーを用意すればいいだけだ。ＢＩＶに類するストーリーは映画ではさほど珍しくないのだから、同じくハリウッド映画から別の過激な懐疑論的仮説を取り上げてみよう。今回は、映画『インセプション』で描かれたストーリーを考えてみたい（図6）。この映画が描いているのは、夢と現実の境界がおぼろげな夢うつつの世界である。この世界では、一見何もかもが普段通りに見え、周りの人々にもおかしなところはまったくない。しかし、その世界で感じ取っているかのように思えるものは、実際に

図6　映画の中の懐疑論．上記は映画『インセプション』のワンシーンだが，これに代表されるように，多くの映画では，巧みな舞台装置として過激な懐疑論的仮説が利用されている．

はどれも実在しない。デカルトによる夢に基づく懐疑論的仮説でも述べたように、いまあなたが五感で感じ取っているものがすべて、夢うつつの状態から生まれたものである可能性は決してゼロではない。だがもし、あなたの五感で捉えるものがどれも夢うつつの産物だとしたら、あなたが現在信じていることの大半はやはり偽となるだろう。昨日、あなたは実家に帰省して両親に会ったことをはっきりと覚えている。そしていまは友人とカフェでお茶を楽しんでおり、明日は家族で海岸沿いをドライブする予定だ。ところが、どの人物・出来事も現実には一度も存在したことはなく、これからも存在することはない。あなたが五感で感じ取っているものはすべて、夢うつつの世界の中で生じている現象の一部にすぎないのだ。

過激な懐疑論的仮説⑤——作り込まれた撮影スタジオ

映画からヒントを得ることで、他にも様々な過激な懐疑論的ストーリーを作ることができる。

たとえば、映画『トゥルーマン・ショー』はどうだろうか。こちらは、ある男の私生活がテレビ番組で生中継されているが、本人はそれにまったく気付いておらず、自分では普段通りの生活をしていると思い込んでいる、というストーリーである。男の周囲にいる人々はみな俳優であり、彼が行く先々には撮影スタジオのセットが巧妙に準備されている。その撮影スタジオで男が見聞きするものは、普段通りの日常生活で見聞きするものとまったく見分けがつかず、彼には視聴者向けの演出だと見抜けないようになっている。しかも、彼が信じていることの大部分は偽である。彼が暮らしている街は「街」とは言えず、友人だと思っている人物は友人を演じている俳優であり、行きつけの店は作り込まれたスタジオのセットである。そして、本人は多くのことを知っていると思ってはいるが、彼が信じ込んでいることの多くは実際には偽である以上、彼はほとんどの事柄を知らないことになる。

（ただしこちらの懐疑論的なストーリーは、『インセプション』で描かれた仮説とはやや異なっていることに注意してほしい。夢うつつの仮説では、当人が感じ取る経験はすべて夢うつつの産物なので、外界にあるものとまったく繋がっていない。これに対し、『トゥルーマン・ショー』の主人公は外界の人物や事物と実際に交流してはいる。ただ彼はその交流の裏に何が隠されているかに気付いていないだけだ。とはいえどちらの場合でも、結果はそれほど変わらない。騙されている者は、本人が想像している以上に外界のことをほとんど知らないのだから。）

過激な懐疑論者の二つの切り札

ここまでの議論で重要なのは、過激な懐疑論的仮説の設定をわずかに変えるだけで、新しい仮説をいとも簡単に作れることだ。そのため、こんなストーリーはありえないと主張して、懐疑論者に異を唱えたとしても得るものは少ない。だが仮に懐疑論者の主張を認めるとしても、その主張は一見したところあまり実りあるものではないのではないか。たしかに各々のBIVは、他の過激な懐疑論的仮説で騙されている者と同様に、おびただしい数の偽なる信念を持っている。それゆえ、BIVが多くの知識を欠いていることは明白である。しかし、BIVが知識を持っていないとしても、その事実はなぜ、BIVではなさそうな私たち自身を巻き込む問題へ波及すると考えなくてはならないのだろうか。懐疑論者は、私たちが現実にBIV(あるいは他の過激な懐疑論的仮説で騙されている被害者)であるとまでは主張していなかったことを思い出そう。懐疑論者は、そうしたストーリーが将来現実化しそうだとも述べていなかった。そのため、ここまで語られてきたストーリーはすべて、数ある間違いの可能性の中でも、あくまでも現実からかけ離れた空想上の可能性とみなすことができる(そして実際そのように見える)。だとすると、BIVが多くの知識を欠いているとしても、その事実は私たち自身が持っている知識とどのように関係するのだろうか。

ここにきて懐疑論者は決定的な切り札を切る。過激な懐疑論的仮説を排除することは不可能であると主張するのだ。たしかに、何ぴとも自分が過激な懐疑論的仮説で騙されている張本人ではないと知ることはできないように思われる。実際、自分がBIVではないと知っている者などいない。というのも、ＢＩＶの感覚経験が普段通りの感覚経験と何ら見分けがつかないとしたら、自分がＢＩＶではないと知る方法など皆無だからである。たとえば、「たった今、自分の身体を見たり感じたりできているのだから、自分は脳だけの存在であるＢＩＶなどでは決してない」と主張したとしてもまったく無意味だろう。なぜなら、ＢＩＶも当然あなたと同じ経験をしており、まるで身体を持っているかのように見たり感じたりしているからである（ただＢＩＶの場合、身体を持っているという信念は偽になるのだが）。これと同じように、周囲にある物、たとえば机の上に置かれたコップを手に取って、「ほら、私はこうやって周囲の環境と物理的に接触できるが、ＢＩＶにそうしたことはできないだろう。だから私がＢＩＶであるはずがない」と主張しても、やはり無意味だろう。なぜなら、再三述べている通りＢＩＶは、現実には水槽の中で漂っているだけだとしても、あたかも周囲の環境にある物体と物理的に接触しているかのような感覚経験を難なく持てるからだ。

同様に、ＢＩＶに基づく懐疑論的ストーリーに対して、ＢＩＶは現時点では存在しないと考えるべき科学的根拠があると主張することは――興味深い主張ではあるが――やはり無意味だろう。特に人によっては次のように反論したくなるかもしれない。現在の科学技術はＢＩＶを実現できるほど高度ではないため、この懐疑論的なストーリーを排除すべき合理的な根拠がある、といった具合に。しかし少し考えてみれば、そう反論したところでいまの問題には微塵も影響しないことがわかる。というのも、水槽に入れられてしまった脳でも、現在の科学技術の発展状況について反論者が持っている情報をそっくりそのまま「供給」されることで、反論者とまったく同じ結論に達することは十分可能だからである。現実世界では科学技術が高度に発達しておりＢＩＶが実際に実現可能だとしても、ＢＩＶに供給される情報とそこから得られる結論がまったくのでたらめだとしたら、水槽の中にいる脳は「現在の科学技術はＢＩＶを実現できるほど高度ではない」と誤って信じ続けてしまうだろう。したがって、現在の科学技術ではＢＩＶは実現不可能であると信じることは、この懐疑論的なストーリーを退ける上でほとんど助けにならない。

まとめると、ＢＩＶのストーリーに代表される過激な懐疑論的仮説は、普段通りの正常な経験とまったく見分けがつかず、それゆえにその仮説を排除できない。つまり私たちは、自分がそうしたストーリーで騙されている張本人ではないと知ることができないのだ。もっと言えば、私たちはまさにＢＩＶかもしれないのである(もしくは、現実さながらのリアルな夢を見ているのかもしれないし、悪霊に騙されているのかもしれない)。

いまや懐疑論者は二つの切り札を使っている。一つは、過激な懐疑論的仮説を詳しく説明し、そうした仮説はどれもありうるストーリーに基づいていると主張することである。もう一つは、そうした過激な懐疑論的仮説を排除することはできないのだから、その仮説が偽であるとは私たちは誰も知らないと主張することである。

日常的な知識は懐疑論的仮説だけでは破壊されない

懐疑論が引き出したい結論とは、私たちは自分では多くのこと(たとえば外界に関すること)を知っていると思い込んでいるが、実際にはそうした知識を欠いている、というものである。懐疑論者は果たしてこの結論を正当化できているだろうか。もし知識一般とは誤りえない(不可謬)、もしくは絶対確実なものだと仮定してよいのなら、「私たちは多くの知識(たとえば外界に関する知識)を欠いている」という結論は妥当だったかもしれない。結局のところ懐疑論者がやっているのは、私たちには排除することのできない一連の間違いの可能性があり、その可能性のもとでは私たちが信じていることのほとんどが真ではなくなる、と警告を発することだ。私たちは誰も、日常的な知識が決して誤りえないとは断言できない。なぜならば、懐疑論的なストーリーで明らかになったように、私たちが現在信じていることとまったく同じ内容の信念を持っているにもかかわらず、そうした信念がことごとく偽である可能性は拭えないからである(たとえば、私たちが実際にBIVであった場合がそうである)。しかも、こうした過激な懐疑論が提起する間違いの可能性をどうやっても排除できないことがわかっている以上、私たちが日常的に信じていることが真であるとは絶対的には確信できないだろう。また、デカルトが自身の認識論的なプロジェクトで実際に試みたように、あらゆる知識を支える疑いえない認識的基礎を探求する場合であっても、日常的な信念が絶対確実で疑いえない基礎になるとは誰も思わないはずだ。

しかし、第1章で論じたように、知識には誤りえないこと(不可謬性)や確実性(疑いえないこと)が必要だと仮定して、知識のハードルを高く設定しようとする考え方には、まったく説得力がないように思われる。それどころか、誤りえないわけでも絶対確実なわけでもない(つまりある程度疑わしい)知識でも正真正銘の知識たりうるし、実際そう考えることは知識についての常識的な考え方とうまく調和している。そのとき重要な役割を果たしているのは、実際の信念内容を信じるべき正当な認識的理由を私たちは実際に持っている点である。つまり、誤りえないことや確実性を欠いている場合でも認識的理由を持つことは十分可能なのだ。もしこの議論が正しいとすると、知識など持ちえないという懐疑論者の言い分は、論点を不正にずらそうとしているに等しい。懐疑論者が「私たちは誰しも知識を欠いている」と述べるときに実質的に主張しているのは、「知識の獲得に非常に高いハードルを課す特定の知識理論のもとでは、私たちは誰しも「知識」を欠いている」ということにすぎないのだ。それに、高いハードルを課す知識理論は、私たちが普段のやり取りで実際に使っている知識概念とは似ても似つかない。そうすると、懐疑論者の取り上げる知識理論にわざわざ注意を向ける必要などどこにもないだろう。現代のある哲学者の喩えを借りるならば、これはまるで、「二四時間以内にどんな病気でも治療できる者こそが「医者」だ。しかしニューヨークには、そんなことができる者は一人もいない。よって、ニューヨークには医者が一人もいない」と主張する輩に出くわすようなものだ。[★6] 医者であることの条件を不当に高く設定する、こうした「医者」懐疑論に関心を示す人はまずいないだろう。ならば知識に関する懐疑論もそうあってしかるべきではないだろうか。

いまの問題の核心は次の点にある。すなわち、偽なる信念を大量に生むような夢やBIVなどの過激な懐疑論的仮説は可能性としてはたしかに存在し、実際そうした仮説を私たちはまったく排除できないにせよ、だからといってそのことは、私たちの日常的な知識が認識上の問題を抱えていることを意味するわけではないということだ。それが意味するのはせいぜい、私たちの日常的な知識は誤りうるものなのだから、自分が信じていることを絶対的には確信すべきではないという程度のことである。しかし、私たちからすればそんなことは重々承知の上だ。すでに述べたように、間違いの可能性が現実離れしたものである限り、その可能性を単に指摘するだけでは、知識の獲得を困難にするのに十分ではない。そして、過激な懐疑論者は否定するかもしれないが、ここまで見てきた過激な懐疑論的仮説は、現実離れした間違いの可能性を描いているにすぎない。それを理解するには、過激な懐疑論的仮説が現実のものであるとか将来現実化しそうだとは、懐疑論者も一切主張していなかった点を思い出すだけでよいだろう。このため、過激な懐疑論的仮説を現実から程遠い空想上の間違いの可能性として退けるのを躊躇《ちゅうちょ》する必要などどこにもない。もしそうやって退けることができるのなら、私たちが知っていると思い込んでいることのほとんどを私たちは実際に知っていると想定しても何らおかしいことはないように思われる。懐疑論者が事実上述べているのは、過激な懐疑論的仮説に代表されるような間違いの可能性が存在し、その可能性を否定できるような知識を誰も持っていない、ということだけなのだ。

ところが、これから詳しく見ていくように、ここまでの過激な懐疑論者は残念ながらまだ肩慣らしをしているにすぎない。なかでも、過激な懐疑論的仮説をもっと信憑性のある原理によって補完してやれば、懐疑論者の目的は達成できるかもしれない。この原理を利用すれば、知識は誤りえないことや確実性を要請すると考える必要性に一切迫られることなく、過激な懐疑論の結論を正当化できてしまうことが明らかとなるだろう。

懐疑論と閉包性

閉包原理

ここまでの議論を整理するとこうだ。ＢＩＶのストーリーが象徴的であるように、過激な懐疑論者によれば、私たちは過激な懐疑論的仮説で騙されている張本人ではないと知ることはできない。だがこの主張は一見したところでは、私たちは日常的に多くのことを知っていると思っており、実際にそれらを知っていることと何ら矛盾しない。たとえば、どこに住んでいて、今日の朝食は何を食べ、いま着ているのはどんな服かを私は実際に知っていると言ってよいだろう（そしてこれらはすべて、身体のないＢＩＶにはできないことだ）。だとしたら、「私たちは過激な懐疑論的仮説を排除できない」という主張は、過激な懐疑論を正当化するのにどれほど助けになるだろうか。

ここに至って、過激な懐疑論者はある原理を導入する。この原理は、一見するとまったく問題がないのだが、後述するように彼らを大いに勢いづかせるものとなる。ここで、次のような推論を考えてみよう。あなたは、フランスの首都の名前が「Ｐ」で始まることを知っているとする。すると、「マドリード」の綴りは「Ｐ」で始まらないのだから、あなたはマドリードがフランスの首都ではないことも知っていることにならないだろうか。別の例を挙げてもいいだろう。あなたは、世界人口ランキングで単独一位の国が中国であることを知っているとする。それなら、世界人口ランキングで単独一位の国は一つしかありえないのだから、インドが世界人口ランキングで単独一位の国ではないことも知っているのではないだろうか。

上記の推論はまったく問題ないように見えるが、それはまさに、あなたが知っているいくつかのことを前提に置くと、何が結論として導かれるかは自明だからだ。ここで働いている推論はこうだ。もしあなたが第一の命題（たとえば、フランスの首都の名前は「P」で始まること、あるいは中国は世界人口ランキングで単独一位の国であること）を知っているとして、さらにこの第一の命題が第二の命題（たとえば、マドリードはフランスの首都ではないこと、あるいはインドは世界人口ランキングで単独一位の国ではないこと）を含意することも知っているなら、あなたはその第二の命題も知っているはずである。これほど自明な推論が他にあるだろうか。

過激な懐疑論者が導入する原理とは要するに、**知識はすでに知られている含意のもとでは「閉包している」**、つまり既知の事柄Aが事柄Bを論理的に導くとわかったとき、Bは知識として認められる、という考えに基づいている。この原理が閉包原理（*the closure principle*）と呼ばれるのはそうした理由だ。閉包原理が成り立たないケースは何とも想像しがたい。第一の命題を知っていて、それが第二の命題を含意していることも知っておきながら、その第二の命題を知らないということなどありえるだろうか。ある命題が他の命題を含意する（entail）というのは、正確に述べれば、前者の含意する側の命題が真であれば、後者の含意される側の命題も真でなければならないということだ。中国が世界人口ランキングで単独一位の国であることが真ならば、インドが世界人口ランキングで単独一位の国でないことも真でなければならない。しかし、もしあなたがある真なる命題を知っていて、しかもこの命題が真ならば他のある命題も真でなければならないと知っているのなら、この二番目の命題も真であるとどうして知らないままでいられようか。たとえば、中国が世界人口ランキングで単独一位の国であることを知っていて、しかも中国が世界人口ランキングで単独一位の国であるならばインドは世界人口ランキングで単独一位の国ではないことを含意するのも知っているにもかかわらず、それでもインドが世界人口ランキングで単独一位の国ではないことを知らないなど、おおよそありえないことだろう。

(試しに、次のような人物を想像してみてほしい。この人物は、中国が世界人口ランキングで単独一位の国であることを知っていると主張する。さらに、このことはインドが世界人口ランキングで単独一位の国ではないことを含意することも知っていると主張するのだが、インドが世界人口ランキングで単独一位の国ではないとはまったく知らないと言い張るのだ。この人物の言い分は理解可能だろうか。きっとこの人物は自分で何を言っているか理解できていないのだろうと考えたりして、どこか支離滅裂なところがあると普通は思うはずである。)

閉包原理は懐疑論を正当化する

このように閉包原理は非常に説得力がある。だが本当の問題はここからだ。過激な懐疑論者はこの一見すると問題のない原理を利用して、過激な懐疑を正当化しようとするのだ。ここで重要になってくるのは、自分が知っていると思っている日常的な命題はことごとく、過激な懐疑論者が持ち出す仮説と矛盾している点である。たとえば、いま私は自分がシャツを着ていると思っているし、実際にそう知っているはずだ。現にシャツを着ている自分を目視できるし、シャツの質感を肌で感じている。くわえて、今朝シャツのボタンをすべて留めたことを覚えているし、誰かに尋ねたら私がシャツを着ていることを教えてくれるだろう。こうした点からわかるように、私がシャツを着ていることを示す証拠は豊富にある。ところが、もし私がシャツを着ていることが真ならば、私がＢＩＶでないこともまた真となるだろう。なぜならば、どのＢＩＶもそもそも身体を持っていないので、シャツを着ることができないからだ。したがって、私がシャツを着ていることと、私がＢＩＶであることの両方が同時に真となるのはありえない。別の言い方をすれば、私がシャツを着ていることは、私がＢＩＶでないことを意味しているのである。

しかし、この帰結を閉包原理の推論に当てはめてみると、困難が待ち構えている。いま、私はシャツを着ていることを知っているとしよう。直前で指摘したように、私がシャツを着ていることは私がＢＩＶではないことを含意する、とも私は知っている。しかし、私はＢＩＶの懐疑論的仮説を排除できないという懐疑論者の主張に同意していた。そしてこれは、自分がＢＩＶでないと私は知らないことを意味する。すると、私は「自分がシャツを着ている」と知っており、さらに「自分がシャツを着ているならば自分はＢＩＶではない」と私は知っているにもかかわらず、私は「自分がＢＩＶでない」とは知らないことになる。多くの人は、この結論は完全に間違っていると思うだろう。自分がシャツを着ていることは知っているにもかかわらず、シャツを着ていないＢＩＶであるかどうかは知らないということなどありえるだろうか。閉包原理が妥当だとすると、もし自分がシャツを着ていることを知っているならば、私は当然、自分がＢＩＶでないと知ることもできるはずである。これを言い換えれば、もし自分がＢＩＶでないと知ることが本当に不可能なら、私はシャツを着ていると知ることすら不可能でなければならない。つまり、ここで過激な懐疑論者は次のような戦略を採用している。すなわち、過激な懐疑論的仮説を排除できないことに基づきつつ、閉包原理を逆手に取ることで、自分がシャツを着ているなどといった日常的な知識を根底から揺さぶっているのだ。[★7]

ここで注意してほしいのは、同じ結論が、シャツを着ているかどうかという知識だけでなく、無数の日常的な知識にも当てはまることだ。たとえば、いま自分が車を運転していると知っていることや、バイオリンを弾いていると知っていることは、どちらも自分が（手や身体を持たない）ＢＩＶであることと矛盾する。そのため、まったく同じ推論を経ることで、そうした日常的な「知識」が完全な幻想だと示すことができてしまう。ましてや、ＢＩＶに基づく過激な懐疑論的仮説は数ある懐疑論的なストーリーの一つにすぎず、似たような仮説は他にも簡単に作り上げることができるのだった。したがって、過激な懐疑論者が閉包原理を利用するのを防ぐことはできず、その結果、私たちが知っていると思い込んでいる日常の様々な知識に対して懐疑的な態度をとることが正当化されてしまうというわけだ。

なぜあなたは正当な認識的理由を持てないのか

さて、そろそろ問題の輪郭が明らかになってきたのではないだろうか。閉包原理が俎上に載せられる以前は、過激な懐疑論的仮説が間違っているとは知ることができないと認めたところで、懐疑論に何の進展もなかった。なぜならば、私たちが普段持っている日常的な知識は、そうした現実離れした空想的なストーリーを排除できないこととはまったく関係がないように見えたからである。しかし、ひとたび日常的な知識が過激な懐疑論的仮説と矛盾することが判明し、日常的な命題が真だとすると懐疑論的仮説が偽であることが導かれるとわかると、形勢は途端に逆転する。もし私たちが日常的な命題(たとえばシャツを着ていること)を本当に知っているとしたら、信じられないことに、過激な懐疑論的仮説が偽であること(たとえば自分がＢＩＶでないこと)を知らなければならない立場に追いやられるのだ。逆に、懐疑論者の言う通り、過激な懐疑論的仮説が偽であることを知ることができないのだとしたら、日常的な知識も失う羽目になる。つまり、もし自分がＢＩＶでないことを私が知らないのであれば、過激な懐疑論的仮説と矛盾する日常的な命題、たとえば私がシャツを着ていることすら私は知らないことになるのだ。したがって、懐疑論者は閉包原理を巧みに利用することで過激な懐疑を正当化できるように見える。

実際、いまの問題をよく考えてみると、この懐疑論の結論はそれほど驚くべきことではないはずだ。第1章で見たように、知識とは正当な認識的理由に基づく真なる信念である。シャツを着ているという知識は、シャツが見えていたり、着たことを覚えていたり、質感を感じるなどの正当な認識的理由に基づいていた。しかし、もし私がＢＩＶだとしたら、そうした認識的理由を私は変わらず持っているにもかかわらず、自分がシャツを着ているという信念は偽となってしまうだろう。実際これこそが、自分はＢＩＶではないと私には知りえない理由なのだ。なぜならば、自分がＢＩＶではないと考えるべき正当な認識的理由を私は持ち合わせていないからだ(ＢＩＶ

が経験することは普段通りの経験と何ら見分けがつかなかったことを思い出そう）。では、どうして私は現在シャツを着ていると信じるべき正当な理由を持っていないながら、（シャツを着ていない）ＢＩＶではないと信じるべき正当な理由を持っていないのだろうか。懐疑論者はここで次のように訴えかけるだろう。もしあなたが自分は（シャツを着ていない）ＢＩＶではないと信じるべき正当な認識的理由を持ち合わせていないのであれば、自分がシャツを着ていると信じるべき正当な認識的理由もあなたは最初から持ち合わせていなかったのだ。あなたが持っているのは、自分がシャツを着ているといった日常的な命題を信じるための見かけ上は正当に見える認識的理由にすぎない。その見かけ上の理由では、日常的なストーリー（シャツを着ていること）とそれと相容れない懐疑論的なストーリー（シャツを着ていないＢＩＶであること）を見分けることができない。だからこそ見かけ上の理由は、真の意味では正当な認識的理由にならないのだ。つまり、自分が信じている多くの物事に対して、あなたは正当な認識的理由を持っていると思うかもしれないが、実際には、これらの物事を信じるべき正当な理由をあなたは持ち合わせていないのである。したがって、あなたは日常的な命題を知っていると思い込んでいるだけで、実際はそのほとんどを知らないことになる。

過激な懐疑論の本質

いまの問題は、過激な懐疑論が提起する重要なポイントを照らし出している。厳密に言えば懐疑論者が第一に述べているのは、「私たちは多くの事柄を知っていると思い込んでいるだけで、実際にはどれも知らない」という主張ではない。そうではなく、「私たちは多くの事柄を知っていると思い込んでいるだけで、各事柄を信じるに足る正当な認識的理由を一切持ち合わせていない」という、より強い主張こそが過激な懐疑論者の主張なのだ。前者の主張の方は、自分が信じていることを信じるに足る何らかの正当な認識的理由があることと矛盾せず、ただそうした認識的理由は知識を生むには不十分だと述べている。しかし、ここで問題になっている過激な懐疑論者は、本当はもっとセンセーショナルな主張を行なっている。つまり、自分が現在シャツを着ているというような一見平凡で日常的な命題を信じるに足る正当な認識的理由すら、私たちの誰も持ち合わせていないというのが過激な懐疑論の眼目なのだ。したがって、この点に関係する信念が偶然真であったとしても、それは認識的に見て運がよかっただけにすぎない。それはちょうど、聞かされることを何でもかんでも信じ込んでしまう騙されやすい人でも、真なる信念を持ちうるのと同じである。

要するに問題はこうだ。自分たちが知っていると思い込んでいる日常的な命題を信じるに足る正当な認識的理由を取り戻すには、過激な懐疑論的仮説を排除するしか方法はないのだが、その仮説の排除が不可能である以上、私たちは自分が信じていることの多くに対して正当な認識的理由を持ち合わせていない、ということである。そしてこのことは、自分が信じていることに関する知識を持つことがまったく不可能であることを意味する。過激な懐疑論者は、閉包原理を援用することで、過激な懐疑論のストーリーを排除できないという一見問題のない主張から、驚くべき懐疑論的帰結を導出しているというわけである。このとき懐疑論者は、懐疑論的仮説が現実のものであるとか、将来現実化しそうであるとは一切述べていなかった。それでも彼らは、懐疑論的なストーリーを使って過激な懐疑論へと誘導できるのだ。しかもここで懐疑論者は、誤りえないこと(ないしは確実性)にまったく頼っていないことに注意してほしい。もし過激な懐疑論者が言う通り、私たちの誰しもが日常的な信念を裏付けるような認識的理由をまったく持ち合わせていないのだとしたら、私たちはそうした日常的な命題に関する誤りうる(あるいは多少不確実な)知識さえも持っていないということになるのである。

過激な懐疑論が提起するパラドクス

過激な懐疑論を三つの主張から整理する

ここで、過激な懐疑論に登場する要素を整理してみよう。要するに、過激な懐疑論者は、次の三つの主張が矛盾しているのだから、三つすべてが真になることはありえない(つまり少なくとも一つは偽でなければならない)と主張している。

(1) 過激な懐疑論的仮説が偽だと知ることはできない。
(2) 閉包原理。
(3) 私たちは日常的な知識を数多く持っている。

(1)が極めて妥当な主張であることはすでに見てきた通りである。過激な懐疑論的仮説は、普段通りの日常とまったく見分けがつかないという特徴を持っているからだ。実際、BIVが持っている信念のほとんどが偽だとしても、水槽内での生活は、BIV本人にとってみれば水槽外での日常生活と瓜二つなのだ。また、(2)も十分妥当な原理なのだった。閉包原理が述べるように、第一の命題を知っていて、かつ第一の命題が第二の命題を含意していることも知っているのであれば、当然第二の命題も知っていなければならない。しかしこれまで見てきた通り、(1)と(2)が成立すると、(3)を維持することは困難になるだろう。もし私たちがこれら日常的な命題(たとえばシャツを着ていること)を知っており、さらにそれらが過激な懐疑論的仮説(たとえばBIVであること)と矛盾することも知っているとすれば、(2)の閉包原理から、過激な懐疑論的仮説が偽であることも知っていなければならない。しかし、(1)より過激な懐疑論的仮説が偽であると知ることはできない。だとすると、日常的な命題も知ることができないことになる。それなのに、私たちは普段、(3)に従って日常的な知識を数多く持っていると想定している。しかし過激な懐疑論的仮説が偽であると知ることができないとなると、日常的な信念を裏付ける正当な認識的理由を私たちは持ち合わせていないことになるだろう。したがって、(1)、(2)、(3)すべてを擁護することは矛盾を導いてしまうのである。

一つのパラドクスとしての懐疑論

ここで私は、懐疑論が突き付ける問題をあえて三つの主張の矛盾としてまとめた。これは、過激な懐疑論を特徴付ける方法が二つあることを強調するためである。過激な懐疑論は、特定の立場と考えることもできるし、単に一つのパラドクスを提起するものと考えることもできる。たとえば、過激な懐疑論が特定の立場、すなわち過激な懐疑主義として捉えられるとき、いま挙げたような三つの主張の矛盾に基づいて、「(1)と(2)は明らかに真であるから、(3)を否定すべきである」と結論付けるだろう。具体的に言えば、特定の立場としての過激な懐疑論によると、(1)と(2)を前提すると、私たちは多くのことを知っていると思い込んでいるだけで実際にはどれも知らないという結論が引き出される。それゆえ、(3)は偽であることが導かれると主張するはずだ。

しかしながら、過激な懐疑論者は何もそこまでしなくとも、私たちの知識を不安に陥れることができる。私たちは(1)、(2)、(3)それぞれを別々に支持しているが、それらがすべて真であることは不可能だと気付かせればそれで十分なのだ。上記三つの主張は、いずれも私たちの知識とはどのようなものかについての常識的な考え方に根差しているように見えるから、私たちはそれぞれの主張に説得力を感じる。だが、このように三つが揃ったときに矛盾してしまうとなると、知識についての常識的な考え方に何か重大な欠陥があるに違いないのだ。

過激な懐疑論が提起する問題をこのように解釈することは、過激な懐疑論を特定の立場ではなく一つのパラドクスを提起するものとして捉えることに等しい。いまの捉え方では、過激な懐疑論が私たちに訴えているのは、三つの主張のうちどれを諦めるべきかという問題ではない。本当の問題は、三つ揃うと矛盾が導かれるのに、私たちは現にそれら三つを支持してしまっているという事実だ。哲学は、その豊かな歴史の中でこうした矛盾を導くパラドクスを多数提起してきた。

つまり、時間、自由、因果性をはじめとする、私たちにとって最も基本的で日常的な概念を突き詰めて考えていくと、その概念は相互に矛盾する主張群を生んでしまうと論じてきたのである。

過激な懐疑論が突き付けてくる問題を、特定の立場ではなく一つのパラドクスという観点から捉え直すことには明白な利点がある。もし特定の立場として捉えてしまったら、その懐疑論的スタンスには首尾一貫性という問題が立ち上がるだろう。たとえば、(3)を否定する過激な懐疑論者は、どう生きるべきかという問題に直面する。自分は何も知らないと考えながら、普段通りの自分を保ち、いつもと変わらずに過ごすことなど本当にできるだろうか。第1章の終わりで述べたように、知識を一切欠いた人生を送ると、自分自身の存在自体が不条理になってしまう。少なくとも過激な懐疑論者は、過激に懐疑し続ける人生を本当に実践できるのか説明しなくてはならないだろう。

しかし、懐疑論を一つのパラドクスとして提唱するのであれば、そうした説明の必要性に迫られることはない。結局パラドクスとは、私たち全員が受け入れざるをえないと思われる主張から成り立っている。つまり、(1)から(3)の三つが合わさると矛盾する事態は、もっぱら知識の特徴として誰しもが受け入れている前提や原理から生じる。したがって、知識とは何であるかを一から考え直すなどして、この矛盾の解決策を示す責任は、私たち自身にあるのだ。ただし、できればその方法は、(3)を拒否しようとする懐疑論者の選択を回避するものであるとよいのだが。

日常的な知識は懐疑論的仮説と閉包原理の組み合わせによって破壊される

一つのパラドクスもしくは特定の立場のどちらであったとしても、過激な懐疑論が突き付けてくる難問は、第1章の終わり近くで述べた懐疑のための要件を満たしている。いまの論証では、誤りえないこと（不可謬性）や確実性が出る幕はない。懐疑論者が利用しているのは、知識は誤りうるという差し障りのない考え方だけだ。また、単に間違っている可能性があるというだけで、過激な懐疑が生まれるわけでもなかった。懐疑の源泉は、間違っている可能性と閉包原理の組み合わせにこそある。特に、一見すると現実離れした間違いの可能性にすぎない過激な懐疑論的仮説は、私たちが日常的な知識を持っているかどうかを判断する上で決定的な役割を果たしていたが、これを可能にしているのは閉包原理である。そこでは、日常的な命題と過激な懐疑論的仮説は矛盾すると私たち自身気付いていることが鍵となる。さらに懐疑論者は、過激な懐疑論的仮説が現実のものだと主張しているわけではなく（たとえば、私たちはみなＢＩＶにほかならないと主張しているわけではない）、そうした仮説が将来現実化すると想定すべき合理的根拠があるとすら主張していない。彼らが主張していたのは、閉包原理を前提に置くと、懐疑論的なストーリーが可能で、しかもその可能性をまったく排除できない（すなわちそうしたストーリーが偽であると知ることはできない）のだから、私たちの日常的な信念と矛盾するということである。この矛盾だけで、過激な懐疑論は十分正当化できてしまうのだ。

いまや私たちは、紛れもなく過激な懐疑論的論証に直面している。この論証は、身の回りの世界について私たちが持っている広範囲の知識を疑問視するものだ。特にこの論証は、私たちの信念が真であるかどうかを問題にしているのではなく、たとえ真だとしても、その信念を持つに足る認識的理由を本当に私たちは持ち合わせているかどうかを問題にしている。先に述べたように、知識は単なる真なる信念以上のものである。つまり、知識は真なる信念を裏付ける認識的理由を必要とする。懐疑論者はまさしくこの信念の認識的理由を揺さぶるのだから、そうすると当然、私たちが持っているはずの知識も揺さぶられてしまう。実際、この過激な懐疑論的論証が通用するのなら、私たちは多くの事柄を知っていると思い込んでいるだけで、実際にはその事柄のどれも知らないばかりか、それら事柄を信じるに足る正当な認識的理由を一切持ち合わせていないことになる。

第3章では、こうした過激な懐疑論に対する応答をいくつか検討してみることにしよう。

3 知識を擁護する

過激な懐疑論的論証を振り返る

三つ揃うと矛盾を招くパラドクス

過激な懐疑論がもたらす難題を振り返っておこう。その難題とは、次の三つの主張が、それぞれ単独で見るともっともらしいにもかかわらず、三つとも真であることはありえない(すなわち、少なくとも一つは偽でなければならない)ことを示す論証である。

(1) 過激な懐疑論的仮説が偽だと知ることはできない。
(2) 閉包原理。
(3) 私たちは日常的な知識を数多く持っている。

まず、(1)は妥当な主張だった。なぜならば、過激な懐疑論的仮説は、普段通りの日常とまったく見分けがつかないストーリーに基づいているからである。次に(2)の閉包原理については、次のもっともらしい主張を思い出そう。すなわち、第一の命題を知っていて、かつ第一の命題が第二の命題を含意していることも知っているならば、第二の命題を知っているのだ。よって(2)も問題がないように見える。そして当然、(3)も普通は維持したく思うだろう。しかし問題は、(1)と(2)が成立してしまうと、(3)を維持できなくなってしまうことにある。というのは、もし私たちが日常的な命題(たとえばシャツを着ていること)を知っており、さらにその命題が過激な懐疑論的仮説(たとえばBIVであること)と矛盾することも知っているとすれば、(2)の閉包原理から、過激な懐疑論的仮説が偽であることも知っていなければならないからである。ところが(1)により、過激な懐疑論的仮説が偽であると知ることはできない。だとすると、私たちは日常的な命題も知ることができない。実際、第2章で見たように、過激な懐疑論的仮説が偽であると知ることができないとき、私たちは日常的な信念を裏付ける正当な認識的理由をも持ち合わせていない羽目になる。したがって、(1)、(2)、(3)すべてを擁護することは矛盾を招いてしまうのである。

過激な懐疑論者はきっと、こうした困難を解決するには(1)と(2)を支持して(3)を拒否するしかないと説き伏せてくるだろう。この危機的状況が行き着く先は、過激な懐疑である。つまり、知っているとこれまで思い込んできた多くの事柄に疑念を抱くようになるのだ。だが、(3)を拒否して立場としての過激な懐疑論に味方するという結論に至らないにしても、私たちの前には解き明かすべき難題が立ちはだかっている。(1)から(3)の主張が、個々に見ると妥当であるのに三つ揃うと矛盾を来してしまうのだとしたら、私たちは各主張をどのようにして受け止めたらよいのだろうか。こうした疑問はまさしく、（特定の立場としての過激な懐疑論とは似て非なる）過激な懐疑論がもたらすパラドクスだ。そしてこのパラドクスは、私たちは多くの事柄を知っていると思い込んでいるだけで本当は知らないのではないか、と疑ってかかる根拠になってしまうのだ。

本章では、いまの難題に対する応答を三つ（ムーア、文脈主義、ウィトゲンシュタイン）に絞って検討していきたい。

懐疑論と常識

常識が生み出す難題

まずは、ごく自然な応答から見ていくことにしよう。これは、最初に常識的な原理を掲げて推論の順序を逆さまにすることで、いまの哲学的難題、すなわち(1)から(3)が矛盾してしまう事態に対抗するものである。つまり、もし過激な懐疑論が常識と相容れないのであれば――そして実際相容れないだろう――まさに常識を根拠に据えて、過激な懐疑論の方を却下すべきではないだろうか。

こうした応答が、過激な懐疑論に対処する上で非常に理にかなった出発点となることは間違いない。現に、常識の方が懐疑論よりも理論上優遇されるべきだという考え方は、トマス・リード★1（一七一〇―九六）やG・E・ムーア★2（一八七三―一九五八）といった著名な哲学者の支持を集めてきた歴史があり、哲学的に見れば由緒正しい伝統がある。しかしながら、過激な懐疑論に対するこうした応答はある困難に直面している。それは、私たちの目の前にある懐疑論的な難題はそもそも紛れもない常識から生まれていることである。つまり、上記で矛盾していると指摘した三つの主張は、そのどれもが知識に関して私たちが普段考えていることに基づいているように見えるのだ。たとえば、知識は誤りえないものであるとか、知識には絶対確実性がなくてはならないといった見解は大いに議論の余地があるものだが、(1)から(3)の三つの主張はどれもそうした常識離れした見解とは無縁である。だとすると、懐疑論的な難題を生み出しているのは実は私たちの常識そのものではないだろうか。というのも、知識に対する私たち自身の常識的な考え方がまさしく矛盾を招く原因になっているからだ。

懐疑論的仮説はなぜ無視できないのか

それでも、この問題に対しては次のように反論できるかもしれない。懐疑論的な難題を生む(1)から(3)の主張は、個々に見ればそれぞれもっともらしいものの、その主張のどれもが私たちの普段の日常生活ではなかなかお目にかからない考え方を持ち出している、と。特に(1)に登場する過激な懐疑論的仮説は、私たちが普段暮らしている中ではまったく考えもしない可能性だ。このことを重く受け止めるとき、常識を持ち出すことで首尾よく懐疑論を却下できるかもしれない。つまり、過激な懐疑論的仮説で語られるストーリーはあまりにも荒唐無稽で常識から逸脱しているのだから、そうした仮説をわざわざ排除する必要などなく、最終的に私たちは、幅広い日常的な知識を問題なく持っていると無事立証できるように見えるかもしれない。

こうした提案にはいくつかの問題点がある。まず、過激な懐疑論的仮説が本当に荒唐無稽かどうかは明らかではない。懐疑論的なストーリーは現に、ハリウッド映画、それも大ヒット作の脚本にまでなっているのだ。だとすると、そうしたストーリーが常識的なものの見方と対立しているという提案は、それほど説得的だろうか。むしろ、間違いの可能性の中でも比較的身近と言えるのではないだろうか。

しかし、仮にこの提案の言う通りだとして、懐疑論的なストーリーが本当に荒唐無稽であったとしても、それだけで過激な懐疑論のストーリーが常識的なものの見方に反していることにはならない。これを理解するには、私たちの普段の生活には無数の認識上の制約がついて回ることを念頭に置く必要がある。たとえば、ある信念が知識になっているかを判断するとき、間違いの可能性が余すところなく排除されているかどうかを調べる時間など、普段の私たちにはないだろう。まして人間の想像力には限界があり、あらゆる可能性を網羅することも困難である。それに、普段私たちが知識を判断するとき、現実には正確さよりもスピードを重視し、経験則にも頼っている。このように、私たちは普段の生活で直面する認識上のハードルを日々乗り越えているのである。

しかし、哲学をするとなると、日常生活を営む上でついて回るこうした制約は、議論の核心から外れているため脇に置いておくのがいいだろう。なかでも、いま私たちが関心を向けている哲学の一分野、すなわち認識論（つまり、真理や知識などに関する問題を取り扱う哲学分野）においては特にそうである。たとえば、ある特定の知識の根拠を認識論者になったつもりで調べ上げたところ、その根拠は非常にあやふやなものだと判明したとする。つまり、日常生活の中ではほとんどの人が意識すらしていないが、その根拠には間違いの可能性があるとわかったとしよう（なお、この想定は何も現実味のない話ではない。認知科学者がやっているのは、多数の認知バイアスが気付かないうちに私たちの認知や推論に様々な影響を――ときにネガティブに――与えていると実証することである）。このとき、日常生活を営む上でこの間違いの可能性を普段考えもしないということから、この可能性を考えるべきではない、すなわち問題の知識に関する主張はまったくもって安全であると結論付けられるだろうか。明らかに無理があるだろう。たしかに、日常生活を営む上でこうした間違いの可能性が脳裏に浮かぶことなどほとんどない。それでも、私たちはその可能性を考えるべきなのだ。

常識だけでは過激な懐疑論を解決できない

いまの議論のポイントはこうだ。たとえ私たちが普段の日常生活で過激な懐疑論的仮説など考えもしないとしても、だからといって懐疑論的仮説を考えるべきではないということにはならないのである。結局のところ、常識的な観点から言えば過激な懐疑論的仮説を考慮すること自体問題があるのだとしても、そう認めることで過激な懐疑論の提起する問題がどのように解決されるのかはまったく明らかではない。まして、懐疑論的論証で登場する閉包原理が、知識に関する常識的な考え方に根差していることは確かだ。だが、もし閉包原理が正しいとすれば、日常的な命題を知ることができるのは、その日常的な命題によって含意されるあらゆる命題を例外なく知ることができる場合に限られるだろう。なぜかと言うと、もし含意される側の命題を知ることができないのなら、知識の閉包性により、含意する側の命題も知ることができないと判明するからである。それゆえ、私が現在シャツなしの状態ではないと知ることができないなら、私は現在シャツを着ていることすら知らないことになる。シャツを着ていることはシャツなしの状態ではないことを当然のことながら含意し、そうした含意関係を私は知っているからである。したがって、知識の閉包性が成り立つ限り、自分が現在シャツを着ていると知るには、自分がシャツなしの状態ではないと知っておかねばならないのだ。

閉包原理はこうした帰結をもたらす原理だが、それは直前で述べた通り、過激な懐疑論的仮説に一切触れずに述べることもできる。そのため、ここまで述べてきたことは常識的には何の問題もないはずである。だが、過激な懐疑論的仮説に言及しようがしまいが、この閉包原理のもたらす帰結が懐疑論的なストーリーにも等しく当てはまるのは明らかだろう。私がシャツなしの状態である可能性の一つは、シャツを着るのに必要な身体をそもそも持っていないＢＩＶであることだ。つまり、自分が現在シャツを着ていることを知るためには、私は自分がシャツなしの状態にあるという可能性を排除しなくてはならないが、それはまさしく、ＢＩＶに基づく過激な懐疑論的なストーリーを排除しなくてはならないことを意味している。だとすると、実際にはＢＩＶなどの過激な懐疑論的仮説に明示的な形で言及するかどうかに関係なく、日常的な知識を保つためにはその仮説を排除する必要があることになる。そして、その必要性は知識に関する常識的な考

え方から自然と導かれてしまうのである。[★3]

第一の応答——ムーアによる「常識」

このように、単に常識に訴えるだけでは、懐疑論が提起する難題への対処としてあまり前進しているようには思われない。この点を克服しようとして、常識のより巧みな使い方を考案したのは、約一〇〇年前に活躍した哲学者G・E・ムーアである。ムーアの戦略はこうだ。哲学の議論と常識が衝突するときでも、私たちは常識に訴えることで哲学の議論に反撃する権利を持っている。ムーアが持ち出した、常識と呼べるものの代表例とは、「通常の状況であれば、人が二本の手を持っていることほど確実なものは何もない」である(図7)。こうした主張は、私たちの常識的な世界観の中核をなしている。したがって、もし哲学の議論が「私たちは誰も自分が二本の手を持っているとは知らない」と高らかに謳うとしても、常識と衝突

図7　手．G. E. ムーアは，通常の状況であれば，人が2本の手を持っていることほど確実なものはないと考えたことでよく知られる．しかし，これが懐疑論という問題を解決するのにどの程度助けとなるかについては議論の余地がある．（上記は，ヤン・コルネリス・フェルメイエンの《エラール・ド・ラ・マルクの肖像》(1530年頃)の一部分である．）

してしまうのであれば、哲学の議論の側こそが不利な立場に立たされるのだ。では、いまのムーアの発想は、私たちの目の前にある過激な懐疑論的な難題、すなわち(1)から(3)が合わさると矛盾が招かれてしまうという事態にどのように作用するのだろうか。

ムーアの主張①——推論をひっくり返す

ムーアの戦略をより詳しく言えばこうだ。私たちが日常的な知識を数多く持っているという主張、すなわち(3)のような主張は、常識的な観点から見ると不可侵のものであり、そうした主張を手放すなどとんでもないことである。万が一手放してしまったら、二本の手を持っているというありふれた知識までも手放さざるをえなくなるだろう。また、閉包原理、すなわち(2)も非常にもっともらしい原理に見える。そうすると、(1)から(3)の中から少なくとも一つを拒否せねばならないとして、いま(3)と(2)を保持するのなら、(1)こそが偽だと結論付けたらよいのではないだろうか。立場としての懐疑論をいま一度思い出そう。それによると、私たちは過激な懐疑論的仮説が偽であることを知りえないのだから(1)が成り立ち、そこから閉包原理である(2)を介することで、通常私たちは多くの事柄を知っていると思い込んでいるだけで本当は知らないという結論が得られる。ところがムーアが提案するところでは、懐疑論の推論をひっくり返してやればよいのだ。つまり、(3)にならって、私たちは知っていると自分では思っているありふれた事柄を本当に知っていると考えるべきであり、まさにそれゆえに、(2)を介することで、私たちは過激な懐疑論的仮説が偽であることを知っている、すなわち拒否されるのは(1)だと結論付けるべきなのである。

ムーアの主張②――懐疑論者への譲歩

こうした戦略をとる際、ムーアは過激な懐疑論者に二つの重要な譲歩を行なっている。一つ目の譲歩は、過激な懐疑論者の推論は私たちの常識的な推論と同じく問題がない点である。つまりムーアは、過激な懐疑論者が(1)を支持して(3)を否定することに問題があると主張しているわけではない。彼は、その逆向きの主張を展開することもできる、すなわち(1)を否定して(3)を支持することもできると述べているのだ。その結果、哲学の議論と常識は相容れないまま膠着状態に陥るが、それでもこうした袋小路にはまり込んだ場合には、私たちは常識に軍配を上げる権利を持っている。それゆえ、「私たちはみな日常的な知識を欠いている」と述べる哲学的な(つまり懐疑論的な)結論は、問題なく拒否できるはずだとムーアは主張しているのである。

ムーアが過激な懐疑論者に譲歩する二つ目の点に移ろう。それは、(1)がなぜ偽であるか説明することはできないと甘んじて認める点である。ムーアが述べているのは、「常識に従えば、(1)は偽でなくてはならない」ということにすぎない。そもそも過激な懐疑論的な論証に直面する者はみな、懐疑論が提起する難題の原因を作っている(1)から(3)の三つの主張のうち少なくとも一つは偽でなくてはならないと考えているはずだ。とはいえ、(1)から(3)の主張は個々に見ればどれももっともらしいのだから、この三つのうちどれを拒否したとしても謎がさらなる謎を呼ぶのは避けがたい。だとすれば、ムーアの理屈では次のようになる。(1)が偽であることはたしかに証明できないのだが、それでも三つの主張のうちどれが偽だとしてもどうせ謎は残るのだから、(1)が偽であると証明できないこと自体は、(1)の拒否に反対する理由にはならない、と。

ムーアの問題点――パラドクスとしての懐疑論に対処できるか

以上が懐疑論の難題に対するムーア的な応答だが、その応答の仕方はどの程度妥当だろうか。ここで、第2章で導入した区別を思い出そう。そこで私は、一つのパラドクスとしての過激な懐疑論と、特定の立場としての過激な懐疑論を峻別した。後者の捉え方によると、過激な懐疑論とは、「私たちはみな日常的な知識を欠いている」と積極的に主張する、つまり(3)を否定するものである。しかし、前者のようにパラドクスを提起するものとして捉えると、過激な懐疑論者は特定の主義・主張を展開しているわけではないとわかる。この場合彼らは、「私たちはみな、(1)から(3)の主張を一つ一つ受け入れているにもかかわらず、それらは三つ揃うと矛盾してしまう」という事実を強調するのみだ。第2章で述べたように、パラドクスとして解釈可能な過激な懐疑論は、特定の立場としての過激な懐疑論とは違って、余計な問題に悩まされずに済む。たとえば、後者の懐疑論は、過激な懐疑論が導く結論を本当に首尾一貫して支持し続けることができるのか説明せねばならないが、前者の懐疑論は最初から説明する必要がない。

過激な懐疑論の捉え方にパラドクスと立場という違いがあることは、ムーアの反懐疑論的スタンスがどれほど説得的かを評価する際に重要な示唆となるだろう。たしかに、特定の立場としての過激な懐疑論に着目する限りでは、ムーアの応答の仕方は非常にもっともらしく見える。思い返せば、ムーアと懐疑論者はともに、非常に直観に反することを主張している。ムーアの方は果敢にも、過激な懐疑論的仮説は偽だと知ることができると述べ、懐疑論者の方もやはり果敢に、私たちは多くの事柄を知っていると思い込んでいるだけで実際にはほとんど知らないと述べる。そして、こうした二つの立場のうち一つを選択しようとすると、両者は完全な膠着状態に陥るだろう。一方の懐疑論者は(1)と(2)を受け入れ、その代わりに(3)を否定するが、ムーアは(3)と(2)を受け入れ、その代わりに(1)を否定すべきと結論付けているからだ。だがもし、両者のせめぎ合いがこうした哲学の議論と常識の衝突に帰着するのなら、常識を優先して懐疑論的な立場を拒否する、つまり(3)を否定すればそれで済む話ではないか。

ところが、過激な懐疑論を一つのパラドクスとして捉えた場合には、ムーアの戦略が抱える問題点が次第に明るみに出るだろう。というのは、私たちは別に、常識に頼る戦略と過激な懐疑論の利点と欠点を洗い出して、どちらがより有望なのかを検討したいわけではないからである。そうではなく、(1)から(3)は、元を辿ればそれぞれ知識に対する私たち自身の考え方に由来するのに三つ揃うと不整合が生じるという点こそが私たちの直面している難題であり、この難題をどうしたら解消できるかを検討しているのだ。過激な懐疑論をこのように捉えるとき、「過激な懐疑論的仮説が偽であると私たちは知ることができる。なぜなら、(1)は常識に鑑みて偽でなくてはならないからだ」と聞かされても、哲学をする上でどれほど納得できるだろうか。まして、(1)がなぜ偽であるかが説明されないまま放置されるのなら、ますます納得できないだろう。(1)を支持せざるをえなかった背景には、過激な懐疑論的仮説が偽であると知ることはできないという主張は直観的には拒否しにくいという事実があったことを忘れてはならない。

懐疑論と文脈

要するに、常識を持ち出すムーアの戦略をもっともらしい反懐疑論的戦略へと練り上げ、過激な懐疑論のパラドクスに対処可能なものにしたく思うのであれば、「過激な懐疑論的仮説が偽だと知ることはできない」と述べる(1)がなぜ偽なのかを説明しなくてはならないのである。私たちはどうやって、自分たちがBIVでは決してない(もしくは、現在夢を見ているわけでは決してない)と知ることができるのだろうか。ここで立ちはだかっているのは次のような困難である。すなわち、過激な懐疑論的仮説はその性質上、私たちが普段経験することと何ら見分けがつかないにもかかわらず、それでもなお私たちは過激な懐疑論的仮説が偽であると知りうる、と主張せねばならない。しかしこれは土台無理な注文だ。万が一そうした説明に成功したとしても、知識に対する説明はその代償として常識から逸脱してしまうだろう。★4 (1)が偽であることを説明しようとした結果、常識から逸脱した知識の理論が出来上がってしまうのなら、ムーアの戦略は結局、過激な懐疑論者の主張と同等か、それ以下の説得力しか持たなくなるのではないか。換言すれば、反懐疑論的な戦略が常識から逸脱する帰結を招くのなら、知識に関する私たちの常識的な考え方に重大な問題があると主張する立場をかえって利することになりかねない。その結果、ムーア的な反懐疑論ではなく過激な懐疑論の方に分があることになってしまうのだ。

第二の応答——文脈の変動

懐疑論が提起する難題に対しては、ムーアとはまったく異なる応答も可能である。それは、懐疑論を導く推論では、ある種の文脈の変動が起こっているのではないかという考えだ。懐疑論が提起する問題に取り組んで最初に思いつくのは、ひょっとするとこの考えかもしれない。懐疑論と常識に関する議論で述べたように、普段の日常生活で過激な懐疑論的仮説を考える機会などまずない。だとすると、過激な懐疑論者は、知識を得るための基準を不当に引き上げているのではないだろうか。そして、その不当な引き上げこそが懐疑論という問題を引き起こしているということはないだろうか。

文脈主義の主張①——「知っている」は文脈に左右されやすい

こうした戦略を肉付けするには以下のように主張すればよいだろう。おそらく「知っている」という言葉は、文脈に左右されやすい言葉なのだ。言い換えればこの言葉は、あるときは非常に要求度の低い認識的基準を設定し、あるときは非常に要求度の高い認識的基準を設定するのではないだろうか。前者の要求度の低い基準の場合、知識を獲得していると言えるためのハードルは非常に低くなり、それゆえに多くの場合で容易に「知っている」と言うことができる。これに対し、後者の要求度の高い基準の場合では、知識を獲得していると言えるためのハードルは極端に高くなるため、「知っている」と言うことは多くの場合(不可能ではないにしても)困難になる。こうした戦略は、私たちが日常生活において数多くの知識を持っているとなぜ言えるかを説明できるだろう。日常的な文脈においては、「知っている」という言葉が要求度の低い認識的基準のもとで使用されているからこそ、私たちは自分たちが数多くの知識を持っていると言えるのである。ところが、過激な懐疑論に取り組み始めると、文脈の変動が生じる。その結果、「知っている」の認識的基準は要求度の低いものからより厳密で要求度の高いものへと変化してしまう。こうなると、私たちは幅広い知識を持っているとはもはや言えなくなっても不思議ではない。なぜならば、いまや「知っている」ははるかに限定的な意味を持つようになっているからである。では、過激な懐疑論という問題は、果たしてこうした文脈の変動に基づいていると言えるのだろうか。

たしかに、私たちが用いる言葉の中には、文脈に左右されやすいものがある。つまり、その言葉が使われている状況がどのようなものか詳しくわかっていないと、何が意味されているのかわからない言葉というのは実際にある。その最もわかりやすい例は、「私」、「ここ」、「いま」といった指標詞だろう。「私はお腹が空いた」と私が言えば、これは、ダンカン・プリチャードはお腹が空いたことを意味する。しかし、あなたが「私はお腹が空いた」と言うとき、それはあなたを主語とする主張であって、私ダンカン・プリチャードを主語とするものではない。このように、「私」という言葉を含む発言を把握するには、その言葉を発しているのは誰かを知っておく必要がある。これと同様に、「ここ」や「いま」を含む主張が何を意味しているかを把握するには、その主張がいつ、どこでなされたものかを知っておくことが重要である。ある人が「私はお腹が空いた」と言い、別の人が「私はお腹が空いてない」と言ったとしても、二人の意見が真っ向から矛盾しているとは誰も思わないのは、指標詞にこうした特徴が備わっているからである。もし一人の人物が立て続けに、「私はお腹が空いた」と「私はお腹が空いてない」を発言するとしたら、おかしいと思うのが普通だろう。なぜならこの二つの発言は矛盾しているからである。しかし、この二つの発言を行なったのが別人だとしたら、そこには何の矛盾もない。なぜならそれぞれの発話の「私」は異なる人物を指しているからである。

文脈主義の主張②――「背が高い」の基準との類比

となると、私たちの言語には文脈に左右されやすい言葉がすでに存在しているのだから、「知っている」もそういった言葉の一種であると提案されたとしてもおかしくはない。ただ、「知っている」と違って、指標詞の場合には基準と呼べるものがないため、ここで例として持ち出すのはあまり適切ではないかもしれない。たとえば、「私」という言葉の場合、重要になるのは誰がその言葉を発しているかである。他方で、「背が高い」などの文脈に左右されやすい他の言葉では何らかの基準が登場する。たとえば、私の身長は六フィートを二インチほど超えている（約一八八センチメートル）ので、ほとんどの文脈で私は「背が高い」とみなされるだろう。他方、バスケットボールの試合に向けてメンバーを選抜するという文脈では、私は「背が高い」とはみなされないはずだ。ここには何ら矛盾するものはない。私は背が高いと同時に背が高くないというわけではなく、背が高いかどうかは特定の基準に照らして判断されるのだ。六フィート二インチの私は、平均的な人の身長という基準に照らせば背が高いが、平均的なバスケットボール選手の身長という基準に照らせば背が高くないということにすぎない。「背が高い」だけでなく同じことは、「大きい」、「重い」、「広い」、「空っぽ」、「平ら」など、その他の文脈に左右されやすい言葉にも当てはまるだろう。

では、「背が高い」といった言葉に見られる、文脈に左右されやすいという特徴は、過激な懐疑論に取り組む際に登場する「知っている」という言葉にも見られるものなのだろうか。日常的な文脈において「私は背が高い」が正しくなるのは、そうした文脈では背の高さについて要求度の低い基準が設定され、私はその基準に照らせば実際に背が高いからである。これと同じ理屈で、日常的な文脈において「私たちは多くの事柄を知っている」が正しくなるのは、そうした文脈では知識について要求度の低い基準が設定され、私たちはその基準に照らせば実際に多くの事柄を知っているからだと言える。反対に、バスケットボールのコーチが背の高さに関して設ける要求度の高い基準に照らしてみると、「私は背が高い」はもはや正しくないだろう。これと同じように、過激な懐疑論者が知識に関して設ける要求度の高い基準に照らしてみると、「私たちは多くの事柄を知っている」はもはや正しくないのだ。

文脈主義の利点①——懐疑論は文脈を変動させているだけ

以下では、過激な懐疑論に対するこうした応答の仕方を文脈主義的な応答と呼ぶことにしよう。この応答の利点は、私たちならびに懐疑論者の両方が正しいと言えることである。普段の日常生活で知識を持っていると言うとき、私たちは「知っている」という言葉を暗黙のうちに要求度の低い基準のもとで用いている。そしてその要求度の低い基準のおかげで、私たちは日常生活では多くのことを知っていると正しく言えるのだ。しかし、過激な懐疑論者が主張することも決して間違っているわけではないと言えるだろう。なぜならば、過激な懐疑論者が採用するような要求度の高い基準のもとで「知っている」という言葉を使用するとき、私たちは多くのことを知っていると思い込んでいるだけで本当は知らないことになるからである。一見すると過激な懐疑論者の言い分は、日常生活における知識実践と矛盾するように見える。というのも、日常生活では私たちは多くのことを知っていると正しく言えるからである。しかし、「知っている」が文脈に左右されやすい言葉だとしたら、過激な懐疑論と日常生活における知識実践はもはや矛盾することがない。これはちょうど、私ダンカン・プリチャードが「私はお腹が空いた」と口にした直後にあなたが「私はお腹が空いてない」と言うことがまったく矛盾していないのと同様だ。

しかも文脈主義者は、過激な懐疑論的なパラドクスの原因となっている上記三つの主張を正しく理解すれば、それらは実際には衝突していないと主張することもできる。たとえば、(3)すなわち「私たちは日常的な知識を数多く持っている」を取り上げよう。文脈主義に従えば、この主張は「知っている」の日常的な基準に照らせば真だが、過激な懐疑論者が採用するような「知っている」の要求度の高い基準に照らせば偽である。さらに文脈主義者は、(1)すなわち「過激な懐疑論的仮説が偽だと知ることはできない」という主張がなぜそこまで説得力を持っているかについても説明することができる。(1)は明示的に過激な懐疑論的仮説を持ち出す主張である以上、その時点ですでに過激な懐疑論が提起する難題に首を突っ込んでいる。そのため文脈の変動が生じることで、「知っている」の基準は要求度の高いものに変わり、(1)を問題にする場面ではそうした基準が否応なく採用されてしまうのである。つまり、過激な懐疑論という問題を検討すること自体が「知っている」の基準を上げてしまう限り、過激な懐疑論的仮説が偽であると知っているかどうかを判断しようとするだけで、私たちはより要求度の高い懐疑論的な文脈へと誘われてしまうということだ。

文脈主義の利点②——文脈さえ固定すれば矛盾は生じない

しかし、(1)が真であることを認めても、(3)、そして(2)の閉包原理との間に矛盾が生じるわけではない。その場合、(1)から(3)の文脈を固定してやればよいのだ。(1)が問題になるような要求度の高い文脈では、(3)はもはや真ではなく、したがって閉包原理と衝突する部分は何もない。つまり、過激な懐疑論的仮説について考え始めると、(1)を判断する際にもそうだったように、その途端に私たちは、「知っている」と言うための基準を高く設定する懐疑論的な文脈に置かれてしまうのである。しかし、そうした文脈ではもはや(3)は真ではない。なぜならば、そこで「知っている」に設定されている基準は要求度の高いものだからである。別の言い方をすると、要求度の高い懐疑論的な基準に照らせば、日常的でありふれた事実のほとんどを私たちは「知らない」のである。

反対に、(3)が真となるような文脈もあるだろう。その文脈では、要求度の低い基準が設定され、日常的でありふれた事実のほとんどを私たちは「知っている」と言える。そうすると、過激な懐疑論という難題は定義上考慮されないのだから、懐疑論的仮説も考慮されないことになる。

したがって、⑴が真かどうかという問題は生じないことになり、閉包原理つまり⑵との矛盾は生じない。しかし、ひとたび⑴が真かどうかという問いが生じると、文脈は懐疑論的なものに変動し、「知っている」と言うための基準は要求度の高いものになってしまう。その場合⑶は偽となるだろう。なぜならば、いまや「知っている」の基準が引き上げられ、私たちは日常的でありふれた事実のほとんどをやはり「知らない」ことになるからである。

いずれにしても、一つの固定された文脈では、閉包原理が⑴と⑶の間の衝突を生むことはないのである。このように、当初⑴から⑶の主張は三つ揃うと矛盾するように見えたが、文脈主義者によれば実際には矛盾していない。私たちに足りなかったのは、文脈主義者が示しているように、「知っている」が文脈に左右される言葉であると気付くことだったのだ。

文脈主義の問題点①――懐疑論は言語の問題にすぎないか

もしかすると、文脈主義は過激な懐疑論という問題に対処できる一つの画期的な応答方法に見えるかもしれない。しかし文脈主義には深刻な反論がいくつかある。その一つは次のものだ。すなわち、もし文脈主義が本当に過激な懐疑論という問題に対処できる応答方法なのだとしたら、私たちはなぜ懐疑論者の口車に乗ってしまうのか理解不能になってしまう。たとえば、「私」などの指標詞は文脈に左右されやすい意味を持っていると聞いて、「そうだったのか」とびっくりする人などまずいないだろう。「背が高い」についても、それがどのような文脈で発話されるかによってまったく異なる意味を持つと聞いて、深く考え込む人もそうそういないはずだ。つまり、

「私」や「背が高い」に関しては懐疑論的な難題など存在しないのだ。再び先の例を使えば、私は日常的な文脈で設定される背の高さの基準では背が高いとみなされるのに対し、バスケットボールのコーチが設ける背の高さの基準では背が低いとみなされるわけだが、この変動にびっくりしたり思い悩む人などまずいないだろう。

しかし、もし私たちが文脈に左右されやすい言葉を用いる際に驚きもせず思い悩むこともしないのなら、なぜ「知っている」の場合には同じことが当てはまらないのだろうか。つまり、文脈に左右されやすい他の言葉の場合ではすぐに気付けるのに、「知っている」という言葉の場合だけ、文脈の変動――つまり、日常生活と過激な懐疑論的な論証とでは「知っている」を用いる文脈がまったく異なっていること――にまったく気付かないことなど、本当にありえるだろうか。懐疑論という、長きにわたって哲学者を悩ませてきた哲学的難題が、言語的な特徴、それも普通なら誰でもあっさりと見抜ける、「文脈に左右されやすい」という特徴に起因するというのは、にわかには信じがたい話だ。しかも「知っている」は、私たちが普段から使いこなしているごく単純な言葉ではないだろうか。それは決して、ややこしい用法や特殊な意味を持つような言葉ではないのだ。

文脈主義の問題点②――基準や文脈を使っても懐疑論は解決できない

文脈主義が過激な懐疑論という問題の本質を突いていないと考えるべき理由は、もう一つある。文脈主義者が過激な懐疑論の難題を解決に導くには、知識を獲得していると言えるための何らか、の認識的基準、それも弱い認識的基準を満たし続けねばならない。文脈主義者が好む解決法では、日常的な文脈で私たちは多くのことを知っていると正しく言えるのは、そう言えるかどうかを判断する認識的基準が要求度の低いものに設定されているおかげである。だからこそ、私はいまシャツを着ているなどといったありふれた事実を「知っている」と言えるのだ。

　ところが問題は、これまで見てきた過激な懐疑論は、こうした可能性を排除しているように見えることである。過激な懐疑論の難問は、知識のレベルで提起されていたことを思い出そう。過激な懐疑論が主張していたのは次のことだった。すなわち、仮に私たちの信念が真だとしても、そうした信念が真だと考えるべき認識的理由を私たちは一切持ち合わせていないことから、私たちは多くの知識を欠いている。先に見たように、通常の状況では、私は自分がシャツを着ていると考えるべき認識的理由を数多く持っていると考えたくなる。しかし、閉包原理やＢＩＶのストーリーといった過激な懐疑論的仮説が登場すると、途端に一連の認識的理由は幻想であることが判明する。「自分が万が一ＢＩＶだとしたら自分はシャツを着ていないだろう」と私は知っているにもかかわらず、私は「自分がＢＩＶではない」ことは知らないのである。だとすると、いま私がシャツを着ていると考えるべき正当な認識的理由など果たしてあるだろうか。私が持ち合わせている、「いま自分はシャツを着ている」と信じるべき認識的理由はどれも、ＢＩＶが持ち合わせている、「いま自分はシャツを着ている」と考えるべき理由とまったく同じではないだろうか。もし私とＢＩＶがまったく同じ理由を持ち合わせているとしたら、一体いかなる意味で私は正当な認識的理由を持っていると言えるのだろうか。

したがって、過激な懐疑論が私たちの認識的理由を揺るがすものである限り、文脈主義は懐疑論という問題を解消するのにまったく助けにならないと言えるだろう。というのも、私たちは実際には、知識を獲得していると言えるためのい、か、な、る基準も満たしておらず、まして想像できる限り最も弱い基準すら満たすことができないというのがまさしく過激な懐疑論の眼目だからだ。つまり、「知っている」には満たすべき基準があるとか、基準は文脈によって変動すると喝破したところで、懐疑論が提起する問題の解決は何ら前進することはなく、難題は依然として残るのである。それゆえ、ここまでの議論は次のように要約できる。すなわち、文脈主義者が言うような要求度の低い普段使いの基準に照らしても、私たちは依然として知識を欠いている。そして、こうした要求度の低い認識的基準に照らしてもなお知識を欠いているとすれば、過激な懐疑論者が主張するように、どのような基準が設定されるかに関係なく、私たちはただ単純に知識を欠いていることになるのだ。

懐疑論を逆手に取る

第三の応答——ウィトゲンシュタインによる「脱合理的な確信」

過激な懐疑論という問題に対しては、より過激な戦略も存在する。それは、ルートヴィヒ・ウィトゲンシュタイン[★5](一八八九—一九五一)が晩年のノートで素描した戦略である(彼の死後、このノートは『確実性の問題』(一九六九年)として出版された)。先に述べたように、ウィトゲンシュタインと同時代を生きたムーアは、普段の生活に根付いた常識、そして常識に由来する確実性こそが、過激な懐疑論に対処する際に決定的な役割を果たすと考えていた。似たような考えはウィトゲンシュタインも抱いていたものの、そこで問題となる「決定的な役割」をどう捉えるかはムーアとはまるで異なっていた。ムーアは、常識に由来する確実性こそが、過激な懐疑論に対抗できる安全な認識的理由になると考えたのに対し、ウィトゲンシュタインは、そうした確実性が根本的に脱合理的な(*arational*)もの、つまり合理的に支持されるわけでも非合理的に支持されるわけでもないものだと考えた。この章の残りでは、ウィトゲンシュタインはなぜこうした考えを持つに至ったのか、そして彼はなぜ、こうした考えが過激な懐疑論に対して建設的な示唆を与えると判断するに至ったのかを探ってみることにしよう。私たちが普段から確信していることは脱合理的に支持されているというウィトゲンシュタインの考えは、ともすれば、過激な懐疑論者に同調しているように聞こえるはずだ。

合理的吟味はすでに受け入れられた信念を前提としてなされる

ウィトゲンシュタインの戦略を理解するには、合理的吟味(*rational evaluations*)とは何かを少し立ち止まって考えてみる必要がある。これまで繰り返し論じてきたように、知識とは、認識的理由に適切に根拠付けられた真なる信念のことである。私たちが合理的吟味を行なうのは、たとえば、ある信念が知識としてふさわしい裏付けを持っているかどうかを判断しようとするときである。こうした合理的吟味は普通、それ自体は疑問視されない、すでに受け入れられている主張を前提として行なわれる。例を挙げよう。いま目の前にある樹木はオークの木だと思っている者がいたとして、その信念が知識に相当するのかを私たちが調べているとする。そのためには、私たちは様々な要素を検討しなくてはならないだろう。たとえば、その人物はなぜ問題の樹木をオークだと信じるに至ったのだろうか。それは樹木の見た目がそう見えたからなのか、それとも誰かにそう教えられたからなのだろうか。また、その人物はどの程度自信をもってその信念を形成したのだろうか。樹木を詳しく観察したからそう信じたのか、それとも単に一瞥《いちべつ》をくれただけなのか。さらに、その人物が間違っている可能性はどれくらいあるのだろうか。もし付近にオークと紛らわしい木がたくさん生えているのなら、当然、混同や見間違いのリスクは高まるだろう。このように、ある信念を合理的に吟味する際、その信念が知識になるかどうかは、すでに知識として受け入れられている主張を前提とした上で吟味される。いまの場合、目の前の樹木が典型的なオークの木に見えること、付近にはオークと紛らわしい木は生えていないこと、特別なチェックなどしなくてもオークを見分けることができるといった主張が前提となって、目の前にある樹木はオークの木であるという信念が知識に相当するかどうかが合理的に吟味される。したがって、合理的吟味の対象となる範囲は、通常の場合には小規模で部分的だと言えるだろう。つまり私たちは、手持ちの信念すべてを一挙に合理的吟味にかけるのではなく、疑問視されない(それゆえに知識として扱うことのできる)一群の信念を拠り所として、手持ちの信念のうち一部だけを合理的吟味にかけるのだ。

過激な懐疑論はすでに受け入れられた信念すら合理的吟味の対象とする

これと対照的な議論を展開するのは過激な懐疑論者である。信念を合理的に吟味する際、彼らは一部の信念ではなく信念すべてを丸ごと合理的吟味の対象とする。言うなれば、過激な懐疑論者がやろうとしているのは、私たちの信念全体が本当に適切な認識的根拠に支えられているのか判断し、ひいては本当に知識に相当するのか判断することだ。実際彼らは、私たちの信念が総じて間違っている可能性(それでも普段の日常生活と見分けがつかないので排除できない可能性)として過激な懐疑論のストーリーを導入するが、その導入の目的はまさに、私たちの手持ちの信念全体を大規模に合理的吟味にかけることにあると言えよう。

通常私たちは、間違いの可能性を排除する際、そうした可能性を考えるときには疑問視されない事柄、特に既存の知識を利用するはずである。たとえば、目の前にある樹木がオークではなくニレかもしれないという間違いの可能性を考えよう。この可能性を排除するには、その二種類の樹木の外見が異なっているという知識、ひいてはその二種類を見分けられることが頼りになるだろう。つまり、既存の知識(この場合、オークとニレの外見についての知識)を利用することで、私たちは、オークだと思っているものが実はニレであるという間違いの可能性を排除できるようになるのだ。

ところが、過激な懐疑論のストーリーに対してこうした路線をとることはできない。なぜならば、間違いの可能性を提起する懐疑論のストーリーは、信念を一つ残らず(ないしは少なくともほとんどの信念を)疑問視するものである以上、手持ちの前提知識すらも当然疑問視するからである。

だからこそ、ＢＩＶに基づく懐疑論的仮説を排除しようにも、前提知識に含まれる自分の記憶や感覚経験(もしくは科学技術の現状に関する信念)は、そこではほとんど助けにならない。この懐疑論的ストーリーはそもそも、記憶や感覚経験自体が本当に正しいものなのかと疑問を投げかけているのだ。

全面的な合理的吟味は懐疑論と反懐疑論に共通する

私たちが普段慣れ親しんでいる合理的吟味は、小規模で部分的な範囲に限定されるのに対して、過激な懐疑論は合理的吟味を大規模で全面的なものとして捉え、その範囲を大幅に拡張する。ただし、このこと自体は否定されるべき主張ではないだろう。常識の持つ重要性を論じた箇所でも述べたように、過激な懐疑論という問題が提示しているのは、私たちの普段の活動を「純化」したものである。普段私たちは、自分たちの信念すべてを丸ごとではないにせよその一部を合理的に吟味するが、これが理にかなっているのは実生活上の制約があるからにほかならない。自分の信念を丸ごと疑う時間的余裕は誰も持っていないばかりか、そもそも誰も自分の信念をことごとく疑ってやろうとは思わないはずだ。しかし、哲学をする段になると、そうした実生活上の制約は影を潜め、自分たちの信念がどういった認識的地位に立っているかを徹底的に問うことができる。過激な懐疑論者の主張では、各信念が拠って立つ認識的地位を少し立ち止まって考えるようになると、どの信念も安全な認識的理由を持っておらず、それゆえに知識に相当しない(少なくともそれがなぜ知識になるかについてもっともらしい説明は見当たらない)ことがわかるのだ。

興味深いことに、私たちの信念全体を丸ごと合理的に吟味しようとする動きは、過激な懐疑論者だけに限られない。これは、伝統的な反懐疑論者の目標でもある。過激な懐疑論者が私たちの信念全体を否定的な仕方で合理的に吟味し、その結果誰も知識を持っていないと論じるのに対し、伝統的な反懐疑論者は、私たちの信念全体を合理的に吟味した上で、誰しも知識を持っているという肯定的な結論を導こうとする。ここで思い出してほしいのが、デカルトによる基礎づけ主義だ。彼が示そうとしていたのは、どの信念も疑いえない基礎によって裏付けられているのだから、私たちの信念全体は秩序ある認識的構造を持っているということだった。さらにムーアも、私たちの常識に由来する確実性を利用することで同じようなことを行なおうとしていた。彼によれば、こうした確実性こそが過激な懐疑論に対抗するための合理的な根拠になり、そのおかげで私たちの信念全体は、合理的な観点から見ても十分秩序あるものになると安心できる（もしくは、もし私たちの信念に何か異常な点があったとしても、少なくともそれは過激な懐疑論者が提起するような問題ではない）。

ウィトゲンシュタインの主張①——合理的吟味は全面的ではありえない

ここでようやく、ウィトゲンシュタインの戦略の出番である。彼の基本的な考え方はこうだ。過激な懐疑論者も伝統的な反懐疑論者も、合理的吟味の本質を見誤っている。ウィトゲンシュタインが主張するところでは、私たちが普段行なう合理的吟味が信念全体に及ぶのではなく、あくまでも一部の信念を対象とするに留まることは決してただの偶然ではない。対象とする範囲が小規模で部分的であることはむしろ、合理的吟味の本質そのものである。言い換えれば、信念全体に及ぶ大規模で全面的な合理的吟味、つまり自分の信念すべてを一挙に合理的に吟味できるという考えそれ自体がただひたすらに支離滅裂なのだ。もしウィトゲンシュタインの主張が正しいとすれば、過激な懐疑論者も伝統的な反懐疑論者も同じ穴の狢《むじな》で、似たような間違いを犯していることになるだろう。

ウィトゲンシュタインの主張②——合理的吟味には「蝶番」が必要

ウィトゲンシュタインがこうした主張を繰り広げたのには理由がある。彼は、いかなる合理的吟味も、ある種の説明不要で絶対的な確実性を前提として行なわれるものでなくてはならないと考えていたからである。この確実性は、ドアの開閉を支える蝶番《ちょうつがい》(ヒンジ)に似て、合理的吟味を行なう際の支えとなるものである。それゆえ、このウィトゲンシュタインの有名な比喩にならって、それは「蝶番」的な確実性と呼ばれることがある(図8)。『確実性の問題』の次の一節を考えてみよう。

> われわれが立てる問題と疑義は、ある種の命題が疑いの対象から除外され、問や疑いを動かす蝶番のような役割をしているからこそ成りたつのである。
> つまり科学的探究の論理の一部として、事実上疑いの対象とされないものがすなわち確実なものである、ということがあるのだ。

図８　蝶番(ヒンジ)．ウィトゲンシュタインは蝶番のメタファーを使って，私たちの最も基礎的なコミットメントについて説明した．そのコミットメントは，それ自身は合理的吟味の対象にならないものの，私たちの合理的な実践において特別な役割を果たすのである．

ただしこれは、われわれはすべてを探究することはできない、したがって単なる想定で満足せざるをえないという意味ではない。われわれがドアを開けようと欲する以上、蝶番は固定されていなければならないのだ。[★6]

ウィトゲンシュタインがここで言おうとしているのは次のことだ。すなわち、自分の信念を合理的に吟味するという行為そのものが、当の合理的吟味を可能にする蝶番的な確実性を前提としており、それゆえに蝶番的な確実性それ自体は合理的吟味の対象にはならない。要するにこの蝶番的な確実性とは、自分は根本的な勘違いや思い違いをしていないという暗黙的な確信のことを指し、私たちが持っているあらゆる信念の根底にあるものだ。蝶番的な確実性とは、最大級に確実だと思われる日常的な主張に言及するときにひょっこり顔を出す、説明不要の確実性である、とウィトゲンシュタインは考えていた。

日常に根差した確実性は合理的吟味にかけられるか

ウィトゲンシュタインとムーアを比較することは有意義だろう。たしかに両者は、普段の日常生活で確実と言えるものを重視するという点では共通しているが、決定的な違いもある。ムーアがこうした日常生活に根差した確実性には特別な合理的地位があると考えたのに対し（そしてその合理的地位こそが過激な懐疑論への対抗策となるわけだ）、ウィトゲンシュタインはこうした確実性には合理的吟味が及ばないと考えたのである。日常生活に根差した確実性は合理的な根拠を持っているわけではないが、かといって非合理的というわけでもない。それはむしろ、ドアを開けるために固定されていなくてはならない蝶番と同じように、合理的吟味を行なうために固定されていなくてはならない蝶番に相当する。つまり、日常生活に根差した確実性は他の信念を合理的に吟味する際に前提として機能するために、その確実性それ自体が合理的吟味の対象となることはありえないのだ。もしこれが正しいとすると、合理的吟味を行なうには、それ自体は合理的吟味にかけられないような蝶番的な確実性が必須である。したがって、信念全体を丸ごと対象にとる全面的で大規模な合理的吟味は最初からありえない、ということになる。

「私は二本の手を持っている」

ここで、ウィトゲンシュタインが論じている例で考えてみよう。よく知られているようにムーアは、最大級に確信している常識的な主張の一つとして「私は二本の手を持っている」という信念を取り上げた。すると、これまでに見てきた過激な懐疑論は、「私は二本の手を持っているとは知らない」ことを示そうとするだろう。しかしムーアの考えでは、「私は二本の手を持っているとは知らない」と認めるよりも、その帰結を導く懐疑論の推論をひっくり返す方がまだ理にかなっている。ところが、そうするとムーアは、これもすでに論じたように「過激な懐疑論的仮説が偽であると知ることができる」と主張しなくてはいけない羽目になる(そしてその主張の正しさは証明できないと認めざるをえない)。ウィトゲンシュタインは、このムーアの見解に一部同意する。たしかに「私は二本の手を持っている」という主張は、少なくとも通常の条件下では、私たちにとって最大級に確実である。しかしウィトゲンシュタインは、ムーアと違って、「私は二本の手を持っている」という主張が特別な合理的地位に立っているとは考えない。ウィトゲンシュタインが論じるところでは、「私は二本の手を持っている」が通常の条件下で私たちにとって非常に確実であるとき、その常識的な主張を疑うに足る理由があるとか、その主張を信じるべき理由が存在するといったことはもはや意味をなさなくなるのである。

そんなことはない、と思う人もいるだろう。なぜなら、「私は二本の手を持っている」という信念は、手に関する私の感覚経験に裏付けられているように見えるからである。つまり、手を見たり感じたりすることが正当な認識的理由となって初めて、私は自分が二本の手を持っていると知るに至るように見える。しかしウィトゲンシュタインは、これこそが誤解の原因だと主張する。彼は次のように述べている。

> 盲目の人に私が、「あなたには手が二本ありますか」ときかれたとして、私はそのことをわざわざ見て確かめようとはしないだろう。そこまで疑うくらいなら、なぜ自分の眼を信用しなければならないのか、私には分らなくなってしまう。実際、両手が見えるかどうかためしてみることで自分の視力を確かめる、ということもありうるではないか。何を何によってテストすべきであるのか。★7

ここでウィトゲンシュタインが述べているのは、自分が二本の手を持っていることの確実性は、その他の無数の主張を合理的に吟味するために必要な、疑う余地のない前提の一部になっているということだ。つまり、自分が二本の手を持っているという確実性は、合理的な吟味にかけられるのではなく、合理的吟味を可能にするものなのである。たとえば、自分が二本の手を持っているという確実性と、自分のポケットに鍵が入っているという確実性を比較してみよう。鍵を持っているかと尋ねられたら、あなたは脇腹の辺りをごそごそして、ポケットから鍵の音がするか確認するだろう。もしくは、ポケットから鍵を取り出して相手に見せるはずだ。しかし二本の手を持っているかどうか尋ねられても、あなたは手があるかどうかわざわざ確認したりする必要はまったくない。それゆえ、手を差し出して「ほら、ここにあるよ!」と答えてもまったく意味をなさないのだ。

図９　信仰と懐疑．信仰と理性の繋がり，特に信仰が懐疑と本当に調和するかという問題は，多くの宗教でモチーフとされてきた．このモチーフは，上のカラヴァッジョの傑作《聖トマスの不信心》(1602年頃)でも描かれている．

ウィトゲンシュタインが指摘しているのはつまり、日常生活に根差しているこうした確実性のおかげで、私たちは自分たちの信念が根本的には間違っていないと広く確信できるということだ。だがその場合でも、自分たちの信念が根本的には間違っていないことに対して、確たる理由を用意する必要はない。それはむしろ、信念や疑念を可能にするための前提なのである(図9)。

ウィトゲンシュタインの主張は過激な懐疑論に陥らないのか

もしこうした蝶番的な確実性に合理的な根拠を用意できないとすれば、それら主張を知ることはできないことになるだろう。少なくとも、知識とは適切な認識的理由に裏付けられた真なる信念であるという主張にこだわるのなら、なおさらそうだ。だとすると、なぜウィトゲンシュタインの主張は過激な懐疑論に陥らないのかと不思議に思う人も出てくるかもしれない。もし私たちの合理的吟味で前提とされる蝶番的な確実性が合理的な裏付けを欠いているというのなら、私たちが持っている信念は究極的にはまったく無根拠なもの、すなわち認識的理由を欠いたものにならないだろうか。つまるところ、蝶番的な確実性を前提することは、私たちの信念の根底にあるものが単なる信仰(*faith*)だと認めているに等しいのではないか。いまの問題は、信仰が理性と対立しているように見えることである。要するに、私たちの信念の根底にあるものが結局のところ信仰であるならば、過激な懐疑論者が結論として導く「私たちは何も知らない」という帰結がなぜ導かれないのか不可解になってしまう。

蝶番的な確実性は「知識の市場」に出回らない

ところが、ウィトゲンシュタイン的な図式のもとでは次の点に注意せねばならない。すなわち、私たちが蝶番的な確実性について知識を持っていないことは事実だとしても、ある意味ではそれらを私たちが知らないというわけでもないのである。つまりこれは、本来知ることができたかもしれないのに実際には知らないという意味で、私たちが無知であるということではない。ウィトゲンシュタインが主張しているのは、蝶番的な確実性を前提としないような合理的吟味など理解不能なのだから、合理的吟味を行なうにはこの蝶番的な確実性が必須になるということである。それはたとえ、蝶番的な確実性それ自体は合理的に吟味できないとしてもそうである。このように蝶番的な確実性は、ある意味では、私たちが知りうるものとも知りえないものとも断言できないものである。それはいわば、「知識の市場」に出回っていないようなものなのだ。

これが意味するのは、ウィトゲンシュタインの戦略と過激な懐疑論の間には微妙な違いがあるということにほかならない。たしかに両者とも、蝶番的な確実性は知識ではないと考える点では一致しているが、その説明の仕方は両者で異なっている。ウィトゲンシュタインにとって、蝶番的な確実性が知識にならないのは、そもそも知ることができる種類のものではないからであって、知ることができると考えること自体が哲学的な誤謬である。これに対し、過激な懐疑論者にとって蝶番的な確実性は、知ることができる種類のものではあるが、私たちはその認識的理由を持ち合わせていないために知識にならない、と結論付けられる。これは微妙な違いではあるが、決定的な違いである。たしかに、もし私たちが単に蝶番的な確実性を知識として持てないということになれば、私たちの日常的な信念は――小規模で部分的な範囲しか対象としない合理的吟味に支えられているとしても――ことごとく認識的理由を欠いていることになりそうだ。しかし、もし蝶番的な確実性が「知識の市場」に出回っていないものだとすれば、それが知識にならないという事実は、日常的な信念を支える認識的起源に何ら悪影響を及ぼさない。こうした点から、このウィトゲンシュタイン的な戦略は懐疑論を「逆手に取る」ものだと言えよう。この戦略は、「知識はありえない」という過激な懐疑論者による決定的な主張を議論の俎上に載せた上で、それを逆手に取ることで、過激な懐疑論に対抗しようとするものなのだ。

ウィトゲンシュタインの問題点——閉包原理を否定してしまいかねない

とはいえ、こうした脱合理的な特徴をウィトゲンシュタインの戦略に認めたとしても、その反懐疑論的なスタンスが、これまで問題になってきた過激な懐疑論という難題に対処するのにどれほど貢献するかは相変わらず明らかではない。自分は根本的に勘違いしたり思い違いしているわけではないという確実性は、一見すると、自分は過激な懐疑論的仮説で騙されている被害者ではないという確実性へと繋がるように見える。もちろん私たちは、自分がＢＩＶかもしれないと考えたりして、懐疑論的なストーリーを想定してみることがある。しかし、自分がＢＩＶといった過激な懐疑論的仮説で騙されている被害者でないことは、普段の日常生活で前提とされている蝶番的な確実性に相当し、そこでは合理的吟味も懐疑も及ばない。ウィトゲンシュタインによると蝶番的な確実性は、そもそも知ることのできる種類のものではないために知識にならないのだった。すると、私たちは自分がＢＩＶでないとは知らないことになる。つまり、私たちは過激な懐疑論的仮説が偽であるとは知らないのだ。この帰結は、過激な懐疑論者の主張に即して(1)を甘受するものである。続いてウィトゲンシュタイン的な戦略に従えば、私たちの日常的な信念を支えている認識的な証拠や裏付けにはまったく瑕疵《かし》がない。なぜならばこの裏付けをチェックする合理的吟味は、信念すべてを丸ごと吟味の対象とするわけではなく、説明不要で脱合理的な確実性を前提とするものだからである。それゆえ、ウィトゲンシュタイン的な戦略は(3)も支持しているように思われる。

では、ウィトゲンシュタイン的な戦略は、(2)すなわち閉包原理を否定するのだろうか。実際、この戦略は(2)の否定を暗に想定しているように見える。(1)と(3)を支持する以上、他に選択肢などないからだ。この戦略が(2)を拒否する理屈はこうだ。閉包原理は一見何も問題がないように見えるが、そう見えるだけで実際には、大規模で全面的な合理的吟味の存在を暗黙のうちに前提してしまうので問題のある原理である。通常のケースでは、閉包原理は小規模に吟味される知識から小規模に吟味される別の知識を導くにすぎない。たとえば、目の前の樹木がオークの木であるという事実から、(オークでありながらニレでもある木などないと知っているため)目の前の樹木はニレではないと結論付けることができる。ところが、過激な懐疑論者が閉包原理を用いると、小規模に吟味される日常的な知識の主張は、(過激な懐疑論的仮説と矛盾すると知られているため)過激な懐疑論的仮説が偽であることまで導いてしまう。そして、過激な懐疑論的仮説が偽であることは、仮にそれが知られるものならば、大規模で全面的な合理的吟味の存在と関わらざるをえないだろう。したがって、ウィトゲンシュタイン的戦略は閉包原理について次のように主張することになる。すなわち、過激な懐疑論で用いられる閉包原理は、ウィトゲンシュタインからすればまったくありえないはずの大規模で全面的な合理的吟味を前提にしてしまうのだから、問題の根はその原理自体にあると考えるべきなのだ。

もしこの主張が正しければ、過激な懐疑論という問題に対するウィトゲンシュタイン的な応答は、閉包原理すなわち(2)を否定するものである。しかし、閉包原理が明らかに妥当な原理であることを考えると、これは直観的に正しいと思われるものを否定する羽目になるので、受け入れがたい戦略となってしまうだろう。

反懐疑論的な戦略の意義

この章で私が目指したのは、過激な懐疑論という問題に対する特定の応答方法を擁護することではない。まして、すべての応答方法を網羅して概観することでもない。そうではなく、代表的な反懐疑論的な戦略を紹介することで、いまの難題にどのようにアプローチできるかを大筋だけでも理解してもらうことを目指した。ここまで述べてきたように、どの反懐疑論的な戦略にもそれぞれ困難があるのだから、この点だけ見れば万能な解決策などない。だからといって、この状況は絶望的かと言えば、決してそうではないだろう。むしろ様々な応答の仕方がこれまで提案され、それぞれにメリットとデメリットがあることは、哲学的難問を解く上ではごく普通のことであり、何も驚くべきことではない。このことが教えてくれるのは、懐疑論をめぐる難問が一筋縄では行かないということではなく、その難問は次の点で深遠で重要な問題提起を行なっているということである。すなわち、懐疑論を取り巻く主題をもっと詳しく調べ上げ、その過程で知識や認識的理由、合理的吟味についていま一度考え直すよう促してくれるものなのだ。過激な懐疑論のパラドクスの場合、たとえば、(ウィトゲンシュタインが示唆したように)合理的吟味のシステムはどうしても脱合理的な蝶番に基づくコミットメントを必要とすると考えることもできるし、(文脈主義者が主張したように)「知識」は一見しただけではわからないが実は文脈によって左右される言葉だと捉えることもできる。このように、反懐疑論的な戦略を検討することの意義は、特定の解決策だけが正しいのだと謳うことにあるのではなく、まして解決策など結局ないのだと開き直ることにあるわけでもない。そうではなく、過激な懐疑論という問題に対して応答可能な興味深い哲学理論がたくさんあると理解することが重要なのである。だとすると、一連の反懐疑論的な戦略から一つだけを選んで勝利宣言をするのが早計であるのと同じように、過激な懐疑論に匙《さじ》を投げるのもまた時期尚早である。

4 生き方としての懐疑論

過激な懐疑論、再び

健全な懐疑論と過激な懐疑論を振り返る

本書の冒頭で私たちは、健全で程度をわきまえた懐疑論と、様々な困難をもたらす過激な懐疑論の違いを見た。前者は、聞いた話を鵜呑みにするのではなく疑念を抱くよう促すのだから、簡単に騙されないための有効な自衛策となる。この点で、程度をわきまえた適度な懐疑論は奨励されるべきものである。ところが、懐疑論がより過激なものになっていくと雲行きが怪しくなる。適度な懐疑論は特定の主張だけを丹念に調べ上げるのに対し、過激な懐疑論は私たちの信念が本当に真なのか全面的に疑ってかかる。第1章で見たように、ここには厄介な問題がある。もしどの信念も疑念に晒されるのだとしたら、誰しも物事の真理にこだわらなくなってしまうだろう。さらには、真理をうまく把握できないとなると、何が正しくて何が正しくないかもどうでもよくなるはずだ。やがて、そもそも真理とは客観的なものではなく、各人が真だと思っているものでしかないと考えるようになるかもしれない。過激な懐疑論はこうして真理の相対主義へと足を踏み入れてしまうのである。

誤りうることは過激な懐疑論を正当化しない

それでは、過激な懐疑論はいかにして正当化されるのだろうか。公の場で、過激な懐疑論ないしはそれに近しい相対主義を表明する人々がいたとしても、彼らがその理論的な根拠を説明してくれることはまずない。たとえば、科学の信頼性に疑問を呈する人、世界規模の陰謀論を信じ込む人、現代の政治は「ポスト真実」の段階に入ったと嬉々として喧伝する人を思い浮かべてみてほしい。こうした人々の言い分はどれも過激な懐疑論ないしは相対主義を前提にしているだけで、こうした前提を正当化しているわけではないのだ。

第1章で見たのは、過激な懐疑論を正当化する根拠が実際には非常に疑わしいということだった。たしかに人間は誤りを犯しやすい動物だ。ときに勘違いや思い違いをしてしまうことがあるのも否定しがたい事実である。だがその事実は、過激な懐疑論を正当化するものではない。ときに勘違いや思い違いをしてしまうことは、いついかなるときでも勘違いや思い違いをしてしまうこととは雲泥の差がある。また、私たちはいま信じている数々の事柄について絶対確実だと確信できる理由を持ち合わせていないが、だからといって過激な懐疑論が正当化されるわけではないだろう。要するに、誤りえないこと(不可謬性)や絶対的な確実性は人間が知識を獲得する上ではまったく不要なのだから、そうした特徴を欠くとしても私たちの信念は問題なく知識になるのだ。

これまで論じてきたように、過激な懐疑論的仮説を可能性としては排除できないとしても、その事実だけから即座に過激な懐疑論が帰結するわけではない。この理由にもやはり、知識一般が誤りえないことや絶対的な確実性を必要とはしないことが関係している。ＢＩＶのストーリーにあったように、過激な懐疑論的仮説とは、身の回りの世界がどうあるかについて根底から騙されてしまうのなら、その張本人は騙されていることに気付きようがないという可能性のことだった。自分がこのストーリーに騙されている被害者ではないと知ることは、定義上ほとんど不可能である。しかしだからといって、ここから過激な懐疑論が即座に帰結するわけではない。過激な懐疑論的仮説が教えてくれるのは、常に間違いの可能性が残るということ、ただそれだけである。つまりその仮説は、私たちとは間違いうる動物で、ある程度不確実性を持った動物であるという当然の事実を強調する以上のものではない。

誤りうることは適度な懐疑論を正当化する

誤りうることや絶対的な確実性を持ち出すことは、たしかに過激な懐疑論を正当化するものではない。だがそれは、健全で程度をわきまえた懐疑論の根拠にはなるはずだ。間違えることが多々あり、いま信じていることになかなか絶対的な確信を持つことができないのであれば、当然のことながら私たちは、自分がどのような信念を支持しているかについて慎重になるべきである。

実際、まさにこうした理由によって、適度な懐疑論は科学的検証において威力を発揮してきた、と言えるだろう。科学者は、真理を発見する手段が完全ではないことに自覚的である。たとえ根拠のある科学的主張であっても、新しい証拠が見つかれば見直される可能性は常に残る。だからこそ、根拠のある科学的主張すら暫定的なものとして扱われる。独断的なものの見方とは無縁な営みとしての科学には、その構造上、適度な懐疑論が組み込まれているのだ。

図 10　信仰と科学の対立．17 世紀前半，ガリレオは地動説を唱えたかどでローマ・カトリックの異端審問にかけられた．この裁判は，教会の権威と新しい科学の間の衝突を浮き彫りにするものであった（上記の絵画はクリスティアーノ・バンティによって 1857 年に描かれたものである）．

歴史をひもとけば、現代の科学に近い検証方法は、科学革命と呼ばれる時代（およそ一六世紀半ばから一八世紀）に誕生した。そのきっかけの一つとされているのは、科学革命前夜にあたるルネサンス期に古代懐疑論の書物が再評価されたことである。当時の科学者たちは、過去の常識、特にその根拠とされた教会の権威に疑問を呈することで、重要な真理を新たに発見することができたのである。太陽が地球の周りを公転していないという発見は、そうした数ある例の一つと言えるだろう（図10）。デカルトの方法としての懐疑に代表されるように、過激な懐疑論が華々しく登場したのもこの科学革命の時代ではあったが、その反面、当時の新しい科学者たちがこぞって指針としたのは、大規模で過激な懐疑ではなく小規模な懐疑を扱う古代の懐疑論の方だった。こうして遠い昔を振り返ることで私たちは、何が真なのかを見極める力や真理への到達方法を磨き上げるのに適度な懐疑論が役立つこと、そして私たちが現在当然視している科学の進歩を活気づけるものが、ほかならぬ適度な懐疑論であることを目の当たりにするのだ。

過激な懐疑論的論証は懐疑論者の首を絞める

とはいうものの、過激な懐疑論を正当化するに足る強力な論証が存在することは事実であり、それは第2章で見た通りである。この論証は、過激な懐疑論的仮説を用いるものの、懐疑論的なストーリーを語ることに終始するのではなく、閉包原理を援用することにその特徴があった。そして第3章では、この論証に応答する反懐疑論的な戦略がいくつか存在することを見たが、いずれも何かしらの問題を抱えていた。

しかし、ここで重要なのは次の点である。すなわち、過激な懐疑論的論証は実のところ、科学や政治に対する過激な懐疑論的傾向を公の場でもまったく隠そうとしない人々がありがたがるような代物ではないということだ。これは何も偶然ではない。もちろんその理由の一つは、公の場で過激な懐疑論を大っぴらに唱えるような人々は、自分たちの考えの背景にある哲学的議論をあまりよく知らないからだろう。だが、仮に過激な懐疑論が提起するパラドクスを心得たとしても、そのパラドクスを利用して、科学や政治に対する懐疑的な態度や振る舞いを正当化しようとするのはあまり賢明ではない。なぜならば、過激な懐疑論的論証を一つのパラドクスとして見た場合、それは彼らの懐疑論を支持するどころか、懐疑の及ぶ射程が科学や政治だけでなく想像以上に大規模に拡大することが判明し、その結果かえって自分たちの首を絞めることになるからだ。

科学を疑うことはなぜ過激な懐疑論と相性が悪いのか

たとえば、科学に対して大規模な懐疑論を繰り広げている人を想像してみてほしい。この人物は、昨今の気候変動は人間が引き起こしたものであるという通説をデマ扱いし、ワクチン接種の奨励は子どもの身体に有害な影響を与えようと企む世界的な陰謀によるものだと考えている。これまで見てきたように、懐疑論の射程がここまで広範になってしまうと、懐疑の拡大を抑え込むのは困難になるはずだ。科学について懐疑的な態度をとる者が、この世のありとあらゆることについて懐疑的な態度をとるとしてもまったく不思議ではない。そうすると、知識は不可能だと結論付けようとする過激な懐疑論的論証は、科学を疑う懐疑論者から見れば、場合によってはおあつらえ向きの助け舟のように見えるかもしれない。だが、ここには致命的な問題がある。というのは、科学を疑う懐疑論者にしてみると、懐疑の射程を大規模にしない、い、い、ようにすることが本来は重要になってくるからだ。結局のところ、科学を疑う懐疑論者は、自分たちこそが認識的に特別な地位に立つ選ばれた者だとか、自分たちだけが世界的な陰謀を見抜いているだとか、そういったことを触れ回りたいはずである。だがそれはつまり、他の人々が持っていない知識を自分たちは持っているということなのだから、「私たちはみな何も知らない」という結論を導く真に過激な懐疑論は、実際には科学を疑う懐疑論者の援軍になっていないのだ。こうして見ると、科学を疑う懐疑論者は理屈の上では綱渡りの状態にあると言えるかもしれない。彼らは一見鮮やかな懐疑論を展開しようとするが、懐疑を徹底していくと自分たちの主張を展開するのに必要な知識すら揺さぶることになるため、実際には鮮やかでも何でもない懐疑論しか残らないのだから。

すでに述べたように、科学を疑う懐疑論者が綱を渡り切ることに失敗するのは目に見えている。懐疑が十分に拡大してしまうと、懐疑するために必要な自分たちの根拠もまた揺さぶられ、挙げ句の果てには自己破壊的な結末が待っているからだ。これが意味するのは、過激な懐疑論が提起するパラドクスなどもう考えなくてよいということではない。そうではなく、過激な懐疑論を難題やパラドクスを超えた特定の立場を指すものとして、つまり合理的な仕方で支持するに値するような見解として理解するべきではないということを意味している。要するに、科学を疑う懐疑論者(もしくは大規模な懐疑論を触れ回る人々)が仮に過激な懐疑論というパラドクスをありがたがって、自らの懐疑的な態度や振る舞いの正当化に利用しようとしても、彼らが得るものは実際には何もないのだ。むしろ、過激な懐疑論を利用することは大規模な懐疑の過激性を浮き彫りにしてしまうため、彼らは最終的に自分たちの懐疑論すら維持できなくなるというわけだ。

「何も信じるな」と公言する人物は信じられるか

こうした議論を経ると、(哲学的な応酬の場ではなく)公の場で吹聴されるような過激な懐疑論は、ある意味で眉唾なのではないかという疑惑が浮かび上がってくる。科学を疑う懐疑論者は、私たちが普段信じている多くの事柄には疑義があると息巻いて、そうした疑念を嬉々として口にする。その反面で彼らは、科学への疑念を持つに至った自分たちの根拠だけはまったくもって安全で、疑いを差し挟む余地すらないと平気で述べる。しかしこうした態度は端的に信用ならないものだ。さらに言えば、このような理屈の上に成り立つ「二枚舌」的な態度は、科学を疑う懐疑論者の生き方にも顕著に表れている。このような人物に限って、先進諸国の高度な医療を臆面もなく享受し、飛行機を使って世界を飛び回るときも墜落などしないという自信をのぞかせる。しかし、もし彼らが科学に対して本当に懐疑的な態度をとっているのなら、そうした振る舞いは本来不可能なはずである。

とどのつまり、過激な懐疑論が行き着く先を可視化すると、それを一種の態度や振る舞いとして実践しようとする人々をまともに理解することは、不可能ではないにしても困難になるということだ。何も信じるなと公言してはばからない人物をどうやったらまともに理解できるというのだろうか。彼らがありとあらゆる事柄に対して懐疑的な態度を徹底しようものなら、私たちは果たして、彼らの振る舞いや関心事、それに彼らが繰り広げる過激な懐疑論的な主張をまともに理解できるだろうか。公の場で過激な懐疑論に似た見解を打ち出す人々が(たとえ暗黙のうちに懐疑論的なテーマを扱っていたとしても)過激な懐疑論をはっきりとした形では口にしようとしない背景には、そういった事情が関係しているはずだ。過激な懐疑論を前面に押し出して、ありとあらゆる事柄を全面的に懐疑することはすなわち、自分たちが懐疑論を触れ回る目的とそもそも相容れないのだ。なぜならば、過激な懐疑論に則って振る舞うような人々は、世の中の多くの事柄には疑義があるのだから決して信じるなと吹聴する一方で、自分たちの言っていることだけは懐疑せずに信じてほしいと(二枚舌的に)言い立てるからである。

「みんな正しい」と公言する人物は二枚舌である

興味深いことに、これと似た状況は、真理の相対主義に近い見解を公の場で打ち出す人々についても当てはまる。公の場で吹聴されるような相対主義もやはり眉唾の要素があるのだ。例を挙げよう。いま、客観的な真理は政治を行なう上でまったく重要ではないと吹聴する人々がいるとしよう。彼らの言い分では、客観的な真理など最初から存在しない。しかし、そう吹聴したとしても、彼らは実際には真理という客観的な概念を完全に捨て去っているわけではない。何が客観的に正しいかなどどうでもよいと言って、真理に対して無関心を決め込んでも、本当にその態度のまま日々の生活を送れるだろうか。たとえば、税務署の職員が彼らのもとにやってきて、予定されていた還付金はゼロになったと通告してきてもなお、客観的な真理などないと平然としていられるだろうか。他にも、重大犯罪の濡れ衣を着せられた場合を考えてみるとよい。こうした想定によって、相対主義にコミットする態度は化けの皮が剝がされ、公の場で吹聴されるような真理の相対主義は実際にはいんちきだと判明する。なぜならば、もし彼らが真理に対して本当に相対主義的であるならば、還付金の有無や重大犯罪の真犯人についても当然、客観的な真理などどこにもないと主張しなくてはならないからである。したがって、公の場で過激な懐疑論を打ち出す人々と同様、相対主義者たちは理屈としては綱渡りの状態にあると言えるだろう。彼らは、自分たちに都合のよいときには客観的真理を相対化することに積極的である反面、都合が悪くなると決して相対化しようとはしないのだ。科学を疑う懐疑論者がそうだったように、この立場もやはり綱を渡り切ることに失敗するだろう。

公の場における過激な懐疑論的な考え方や相対主義的な考え方に見られる一貫性のなさは、ある重要な論点を浮き彫りにしている。見たところ、懐疑論や相対主義に基づく考え方の多くは、何らかの権威に対する抵抗を表明し、既存の権力構造を揺さぶることに目的があると謳う。ときには、人々に解放感をもたらす言説として標榜されることもある。ところが、現実はその逆である場合がほとんどである。懐疑論や相対主義的な考え方は、既存の権力構造を支え、より盤石なものにするのに利用されているのが実情だ。たとえば、あらゆる科学の嘘を暴いたと思い込んでしまったら、科学者の意見に耳を貸すことはなくなるだろう。挙げ句の果てには、昨今の気候変動は人間の活動に由来するので早急に対策を講じる必要があると訴える科学者の話を無視するようになり、一部の政治家を利する結果になりかねない。もしくは、客観的真理などありえないということになれば、不公平や不正義が社会に存在することも客観的な問題ではなくなってしまうだろう。だがそうすると、社会の不公平や不正義を是正しようとする政治的根拠は脆《もろ》くも失われてしまうのではないか。

パラドクスと立場の区別、再び

それと関連して言えば、第2章で取り上げた過激な懐疑論的論証は、過激な懐疑論的な立場とは直接には結び付いていなかったからこそ、強力な論証になっていたのである。その論証はむしろ、一つのパラドクスとして、つまり知識に関する私たちの常識的な考え方には根本的な不整合があることを明るみに出すものとして提示されていた。これまで再三述べてきたように、パラドクスが提起されたからといって、そのことはパラドクスの解消方法を具体的に示すよう強制してくるわけではない。このように、一つのパラドクスとして解釈される過激な懐疑論は、特定の立場ないしは誰しもがとるべき態度や振る舞いとして解釈される過激な懐疑論とはまったく別物である。後者の懐疑論がしばしば矛盾した態度に帰着してしまうとしても、そのことは前者の懐疑論が問題を抱えていることを意味しないのだ。

したがって、公の場で過激な懐疑論や相対主義を吹聴する者が自分たちの主張を正当化しようとしても、過激な懐疑論という一つのパラドクスを利用することはできないと言えるだろう。さらに、第3章で見たように、このパラドクスを導く論証に対して応答しようとする反懐疑論的な戦略もいくつか存在する。要するに、私たちの知識には解決不可能な懐疑論的問題があると結論付けるのは早計なのである。

いざ、知的な徳の議論へ

そこで以下では、過激な懐疑論はいったん脇に置いて、その代わりに程度をわきまえた適度な懐疑論は本当に可能なのかを考えていくことにしよう。この目標に向けて私たちは、古代の人々、特に史上最高の哲学者とも評されるアリストテレス[★1](前三八四—前三二二、図11)の著作をヒントにして得られる、ある見解を見ていくことになるだろう。その見解は、人間らしく豊かに繁栄するという意味の「よく生きること(よい人生)」を実現する上で、徳、なかでも知的な徳が果たす役割に注目する。古代ギリシア人は、この人間らしい豊かな繁栄をエウダイモニア(*eudaimonia*)と呼んでいた。これから見ていくように、よい人生において知的な徳がどのような役割を果たしているかを理解すれば、適度な懐疑論を身に付けることこそがよく生きる上で決定的に重要だとわかる(逆に、過激な懐疑論を身に付けるのはよく生きる上で邪魔になる)。さらに、健全で適度な懐疑論に基づいた態度を崩すことなく、それでいて自分なりの信条を貫き自信に満ちた人生を送ろうとすることは、矛盾した態度のように聞こえるかもしれない。しかし知的な徳を理解すれば、こ

図11　アリストテレス. 古代ギリシアの思想家アリストテレスは, 徳を中核に据える体系的な哲学思想を提示したが, その思想は今日でも強い影響力を持っている.

うした矛盾は十分解消可能だと明らかになるだろう。

知的な徳と悪徳

アリストテレスにおける生き方としての倫理

哲学者は、抽象的な事柄ばかりに熱を上げ、日常生活で直面するような切迫した問題をおろそかにしていると非難されることが多い。しかし、アリストテレスにそうした批判は当てはまらない。なぜなら彼が心を砕いたのは、よい人生を送るためにはどうすればよいかという問いに対して、地に足がついたアドバイスを与えることだったからだ。現代の私たちが倫理(ethics)についてあれこれと考えを巡らせるとき、それは多くの場合、道徳(morality)のことを指している。つまり、倫理ということで現代の私たちは、どういった振る舞いが道徳的によい(または悪い)のかについて考えを巡らせる。ところが、アリストテレスや古代の哲学者たちにとって、倫理とは道徳よりも広い意味を持っていた。彼らにとって倫理とは、**私たちはどう生きるべきか、よく生きるためには何が必要なのか**といった幅広い問題を扱う領域だったのだ。もちろん、よく生きるには道徳が必要になってくるかもしれない。だがそれはあくまでも人生の一要素にすぎない。というのも、よく生きる上では、その他の重要な要素が少なからず必要になってくるからである。たとえば、胸を張って言える努力や何かを成し遂げたことが一切なく、大切に思う家族や友人などを持たず、何かに興味を持ったり惹かれたりする体験が何もないような人生は、よい人生どころかひどく貧しいものだろう。逆に言えば、何かを成し遂げる経験をしたり、仲のよい友人を持つといった要素はよい人生を形作るものだが、これらはいずれも道徳とは基本的に無関係である。したがって、よく生きること、すなわちよい人生を送るとは、道徳的によい人生を送ること以上のものであるはずだ。要するに、アリストテレスが取り組んだのは、よく生きるにはどうすればよいかという広い意味における「倫理」の問題なのである。

徳の特徴①——二つの悪徳の間にある中庸

この問題に取り組む際アリストテレスが出発点として据えたのが、まさしく徳(*virtues*)である。徳とは、特定の性格特性(すなわち特定の仕方で振る舞う傾向性)の中でも、特に称賛に値するものを指す。徳の代表例は、勇敢であること、寛大であること、親切心などだ。アリストテレスによれば、徳には興味深い特徴がいくつかある。第一に、徳は悪徳(*vices*)とは対極にあるものである。悪徳とは、まったく称賛に値しない(しばしば軽蔑に値する)性格特性のことだ。実際のところ徳は、二種類の悪徳、つまり過剰という意味での悪徳と欠乏という意味での悪徳の間に位置する。例として、勇敢であることを取り上げよう。勇敢さの欠乏、すなわち臆病であることは悪徳である。しかし人はときに、過度の危険を冒して、これとは別の悪徳を見せることもある。こちらは軽率ないしは無鉄砲と呼ばれるだろう。したがって勇敢であることは、臆病と軽率という両極端のどちらにも偏らない振る舞いをなそうとする優れた判断力のことである。アリストテレスは、徳が持つこうした特徴を中庸(*golden mean*)と呼んでいる。

徳の特徴②――陶冶と動機付け

ところで、私たちは生まれながらにして徳を持っているわけではない。私たちが徳を身に付けるのは往々にして、試しにやってみること、特に称賛に値する卓越した性格を持つ身近な人々を模倣することを通じてである。私たちは日々の習慣の中で、臆病でも軽率でもなく勇敢な人間になろうと努力しなくてはならない。ところが徳とは、首尾よく身に付けても、鍛えること（陶冶）を怠れば簡単に失われてしまうものだ。徳が単なる能力でないことは、鍛える必要があるかどうかによって明確となるだろう。たとえば、私たちは多くの場合、一部の能力を生まれながらにして備えている。五感を使って周囲の環境を知覚できる能力はその代表例だ。他にも自転車の乗り方などのように、私たちが持つ能力の中には、一度身に付けてしまえば、その後まったく鍛えなくともそう簡単には失われないものもある。また、徳と単なる能力を分かつもう一つの重要な違いは、徳には行為への独特の動機付けが伴っていることである。たとえば、寛大であるという徳を持っている人は、純粋に他人を助けてあげたいと思うだろう。もちろん、友人に好かれようとして、寛大であるかのように振る舞う人もいるかもしれないが、こちらは徳があることから程遠い。対照的に、単なる能力はこうした動機付けを伴わない場合が多い。実際、（猫をかぶって）寛大だと他人に思わせることができるのは、ある種の巧みな能力と言っても差し支えない。

徳の特徴③――よい人生とは徳を積んだ人生のことである

とはいえ、単なる能力と徳の間には最も重要な違いがある。それは、徳だけが特別な価値を持っていることである。そしてまさにこの特徴こそが、よく生きることにおいて決定的な役割を担っている。つまり、アリストテレスに言わせれば、よい人生とはすなわち、徳を積んだ人生なのだ。ただし、ここでアリストテレスは、徳を積んだ人生が苦痛よりも快楽の多い人生だとか、苦しみや争いのない人生であるという意味での「よい人生」であるとは述べていないことに注意しよう。それどころかアリストテレスは、どういった人生を送るにしても、争いや苦しみは絶えず付きまとうと考えていた。アリストテレスが「よい人生」で意味しているのは、徳を身に纏《まと》えば、苦しみなどの悪しき状態に立ち向かうための有効な手段になるということだ。親切で、寛大で、勇敢であるような人物は、苦労や困難に直面するとしても、人間らしく豊かに繁栄した生き方を貫くことができる。まして、そうした徳を発揮して困難に立ち向かう人生は、困難から逃げ出して無意味な快楽に溺れる人生よりもずっとよいものだろう。徳を一切積むことなく快楽を思いのままに貪るだけの人生が、よい人生から程遠く空虚なものであることは、誰しもよくわかっているはずだ。

徳の一種としての知的な徳

先に見た通り、アリストテレスにとって倫理とは道徳だけを指すものではなかった。実はこの特徴は、徳の種類にもはっきりと表れている。徳には、親切心や寛大さのように道徳と密接に関係するものもあれば、勇敢さのようにそれほど関係しないように見えるものもある。実際アリストテレスは、「徳がある」という言葉で、道徳的な観点から見て何をなすべきかを知っていることを意味しているが、同時に知的な徳を備えていることをも意味している。過激な懐疑の末に一切の知識を欠いている者は、道徳的に何をなすべきか知っているとは言えないだろう。そして知的な徳は、人が知識を獲得するために不可欠である。したがって、道徳的に何をなすべきか知るには、まわりまわって知的な徳が必要になってくるのだ。

知的な徳の例とされるのは、知的な誠実性(*conscientiousness*)や知的な柔軟性(*open-mindedness*)などである。また、徳一般に知的な要素を足したものもこれに含まれる。具体的には、知的に臆病であることの対極にある知的に勇敢であることや、知的に傲慢であることの対極にある知的に謙虚であることがその例だ。たとえば、これまでにない斬新なアイデアを形に変えようとする科学者は、知的に勇敢であるという徳を示す格好の例である。徳一般と並んで、知的な徳もまた中庸に基づいている。このことを理解するため、知的な誠実性を例にとろう。知的な誠実性を持つとは、何らかの信念を形成する上で、重要な証拠に一つ残らず目を配り、各証拠を適切に比較考量した結果、一つの決断を下すことである。たとえば法廷で審理する裁判官や、手術が必要かどうかを決断する医師は、こうした性格特性にうってつけの職業だと思われる。そしてこの知的な徳は、やはり二種類の知的な悪徳という両極端の間に位置するものだ。一方の欠乏という端には、自分勝手な独断専行がある。これは、重要な証拠に目もくれずに拙速に決断を下し、自分の利益になることしかしないという悪徳である。他方で過剰という端には、慎重すぎるあまりの優柔不断がある。こちらは、取り組んでいる問題にとってどれが重要な証拠なのかを考慮せずに膨大な証拠に振り回された挙げ句、決断を下すことができないという悪徳である。つまり中庸としての知的な誠実性とは、この両極端の間をうまくすり抜けるように思慮を働かせることなのである。

過激な懐疑論は徳を積んだよい人生の邪魔になるか

以上からわかるように、アリストテレス的な描像では、知的な徳が生む知識があってこそ人生はよりよいものになる。そうすると、本章冒頭で振り返った過激な懐疑論がなぜよい人生にとって邪魔になるかがはっきりとするだろう。同時に、小規模で適度な懐疑論のどういった点が称賛に値するかも見えてくるはずだ。本節の残りでは、この二つの点を順に説明することにしたい。

先に述べた通り、過激な懐疑論を積極的に受け入れようとすると、深刻な矛盾に直面する。「私たちは何も知らない」と触れ回って、すべてを疑おうとする人物をどうやったらまともに理解できるというのだろうか。また、過激な懐疑論は実存上の困難を引き起こす点もすでに指摘した通りである。私たちが本当に何も知らないのだとしたら、どんな人生も不条理なものになってしまうのだ。アリストテレス的な描像は、この実存上の問題を正確に理解するのに役立つだろう。知識がなければ人生が不条理になるという考えは、徹頭徹尾消極的な主張である。それは、意味のある人生を送るのに不可欠な要素が単に欠けているということしか述べておらず、知識を持つことで人生がどれほど意味のあるものになるかについては一切語っていない(もちろん知識があっても依然として人生は不条理になる場合があるが、それは別の事情で不条理になるにすぎない)。しかし、徳についてのアリストテレス的な説明が存在感を示すのはまさにここである。意味のある人生には何が必要なのかという積極的な問いは、アリストテレスが描く人生観から答えを引き出すことができる。なぜならば、知的な徳、ひいては知的な徳が生み出す知識があってこそ、人生は意味のあるものになるとアリストテレスは主張しているからだ。よい人生を送るには、知的な徳を発揮し知識を獲得する必要がある以上、すべてを疑ってかかって私たちの知識を揺さぶろうとする者は、徳を積むことも、よい人生を送ることもできそうにない。たとえば、物心がついてからずっと過激な懐疑を実践し続けるような人物は、勇敢さや寛大さに裏付けられた優れた判断ができそうにない。その結果、勇敢さや寛大さを発揮すべき場面でも何をなすべきなのか知らないことになるだろう。したがって、アリストテレスの描く人生観が教えてくれるのは、万が一過激な懐疑論が正しいとしたら、私たちの人生は豊かな繁栄すなわちエウダイモニアを獲得できずに致命的な欠陥を抱えてしまうということである。

適度な懐疑論は徳の発揮とうまく調和するか

しかし、より興味深いのは程度をわきまえた小規模で健全な懐疑論の方だ。過激な懐疑論に基づく生き方はたしかに徳と対立しているのに対して、適度な懐疑論の態度は、徳、それも知的な徳の発揮とうまく調和するように思われる。実際、知的な徳の中には適度な懐疑論を伴うような性格特性も存在する。たとえば知的な誠実性は、結論を急ぐのではなく重要な証拠に目を配ろうとする点で、まさしく適度な懐疑論を伴っているのではないだろうか。他にも知的な柔軟性は、独断に陥ることを避け自分の意見に修正の余地を認めようとする点で、適度な懐疑論と関連しているのではないだろうか。過激な懐疑論は過剰という悪徳(過剰な懐疑)に相当し、独断論はそれとは正反対の欠乏という悪徳(不十分な懐疑)に相当するのに対し、適度な懐疑論はまさしくその中庸にほかならないのだ。したがって、徳に関するアリストテレスの考え、特に知的な徳に関する考えを踏まえれば、適度な懐疑論がなぜ豊かに繁栄した人生に必要な要素であるかを説明でき、さらに適度な懐疑論がなぜ重要かも説明できる。また、過激な懐疑論という特定の立場に基づいた生き方をしようとすることに、どのような問題があるかについても説明を与えることができるだろう(繰り返しになるが、過激な懐疑論という特定の立場を退けることができるとしても、このことは過激な懐疑論が提起するパラドクスが解消されることを意味するわけではないことに注意してほしい。特定の立場としての過激な懐疑論とパラドクスとしての過激な懐疑論は、やはり似て非なるものなのだ)。

ピュロン派懐疑論

懐疑的な態度こそが「よい人生」に結び付く

ところで、豊かに繁栄した人生にとって、懐疑的な態度はどの程度まで許容できるだろうか。先に見たように、倫理に関するアリストテレス的な説明では、許容される懐疑的な態度には制限がある。というのも懐疑的な態度は、よく生きるために不可欠な徳、なかでも知的な徳の発揮と調和する以上、やはり一定の節度を保つ必要があるからだ。つまり、アリストテレスに言わせれば過激な懐疑論は、徳ではなくむしろ悪徳を後押しする(少なくとも徳とは程遠い)ものなのだ。

しかしながら、古代にはアリストテレスとは異なる倫理的姿勢も存在した。それは、懐疑論的な発想をより具体化し、その結果、広範囲に及ぶ懐疑を生き方に取り込もうとする姿勢のことである（ただし、すぐあとで見るように、「懐疑」という言葉はここではあまり適切ではないかもしれない）。こうした姿勢に基づく見解はピュロン派懐疑論と呼ばれ、アリストテレスの説明と並び立つ倫理の学説として知られる。ピュロン派の人々は、豊かに繁栄した人生とはどのような要素から成るかを議論したが、アリストテレスと違って、よく生きるための鍵は徳を身に付けることではなく懐疑的な態度をとることにあると考えた。

　ピュロン派の人々の姿勢を正確に理解することは容易ではない。その理由の一端として、彼らは懐疑論的な生き方を実践したがゆえに自分の考えをあまり書き残さなかったという事実を挙げることができるだろう（懐疑論を徹底する者は果たして自分の思想を後世に伝えたいと思うだろうか）。この懐疑論的傾向の名は、古代ギリシアの哲学者エリスのピュロン★2（前三六〇頃―前二七〇頃）にちなんでいるが、ピュロンがどういった思想を持っていたかを知るには、セクストス・エンペイリコス（一六〇頃―二一〇頃）の著作『ピュロン主義哲学の概要』などの二次文献にあたるしかない。ピュロンについてわかっていることはそれほど多くないが、それでもピュロンがアレクサンドロス大王のインド遠征に参加したことはわかっている。そこで彼は、当時のインドで大きなうねりを見せていた豊かな哲学思想の鉱脈に触れたと考えられている。この点は、ピュロン派懐疑論が東洋の哲学的伝統と親和性を持っている根拠になりうるため非常に重要である。特にピュロン派懐疑論が、インドの哲学者ナーガールジュナ★3（一五〇頃―二五〇頃）が開いた中観派の仏教と特筆すべき類似性を持っていることは、少なからぬ研究者によって指摘されてきた通りだ。

ピュロン派懐疑論①――判断保留と心の平穏

ピュロン派の人々についてもわかっていることは多くないが、少なくとも判明しているのは、彼らは過激な懐疑論者になろうとはしなかったことだ。彼らは、生きるためには何らかの基盤が必要となることに気付いており、すべてを見境なく疑うのではなく、一定程度和らげた懐疑論を採用していた。それゆえ、彼らが懐疑論の対象としたのは、私たちが普段行なっている日常的な判断ではなく、哲学的な主張などといった、普段の生活から切り離された理論的な主張であった。

こうした観点から見ると、ピュロン派の人々は、自分たちに独自の哲学理論を展開したわけではなく、懐疑論的な論証に相当するものを提出することもなかった。これまで見てきたように、懐疑論的な論証を提出するには、閉包原理といったかなり具体的な理論的主張が必要となる。その代わりにピュロン派の人々が提示したのは、懐疑の方式と呼ばれるものである。これは、基本的には懐疑ないしは判断保留を誘発するテクニックを指すもので、その要点はこうだ(なお、懐疑と判断保留についてはのちに論じる)。議論の相手が理論的な主張をしてきたとき、それに対抗するために懐疑の方式を用いると、結果として中立的な態度を生み出すことができる(この態度はギリシア語でエポケー(*epoche*)と呼ばれる)。そしてそうしたやり取りを何度も繰り返していくうちに、やがて平静(無動揺)で穏やかな精神状態に至る(この精神状態はギリシア語でアタラクシア(*ataraxia*)と呼ばれる)。アリストテレスの言うような徳を積んだ人生ではなく、こうした知的な平静こそがよい人生に不可欠だとピュロン派の人々は考えていた。要するにピュロン派の人々は、懐疑の方式、つまり懐疑を意図的に引き起こすテクニックを習得し、そのテクニックを駆使することで、アタラクシアと呼ばれる心の平穏を獲得しなくてはならないと考えたのである。

ピュロン派懐疑論②――アグリッパのトリレンマ

こうした懐疑には三つの方式が有力なものとして知られている。特に一世紀のピュロン派の懐疑論者アグリッパが体系化したとされている「アグリッパのトリレンマ」は、他とは一線を画するものとして知られる。簡単に言えばこのトリレンマは、議論の相手が(哲学的な主張などの)理論的な主張をしてきたとき、懐疑の方式を使って、なぜその主張を支持するのかと相手に問いただすことで対抗しようとするものである。このやり取りが続くパターンは三つしかないが、そのどれをとっても相手は自分が主張した命題の正当化に失敗するのだ。ここで、第一のパターンとして、議論の相手が自分の主張の根拠を提示してきたとしよう。問題は、この根拠自体が理論的主張であるため、懐疑の方式を再び適用できることにある。つまり、その根拠の根拠は何かとさらに問いただすことができる。この問いかけに応じて、相手はさらなる根拠を新しく提示するかもしれないが、やはりその新しい根拠自体も疑えるため、以降はその繰り返しとなるだろう。このように、相手が新しい根拠を提示してくるたびに「その根拠は何か」と疑いを差し挟み、それを何度も繰り返していくと、相手の根拠付けは原理的には止まらなくなる。その結果、相手は無限遡行に陥ってしまうだろう。いつまで経っても根拠付けの作業が終わらず、無限に遡行していく根拠では、相手は元の主張を正当化できない。続いて第二のパターンとして、議論の相手が新しい根拠を提示するのではなく、以前に提示した根拠をそっくりそのまま繰り返す場合もあるかもしれない。この場合の問題は、彼らの根拠付けが事実上循環しているように見えることである。循環する根拠付けでは、相手はやはり元の主張を正当化できない。最後に第三のパターンとして、相手はどこかの時点で、自分たちの主張にこれ以上の根拠を提示することはできないと主張してくるかもしれない。その場合、彼らの元の主張は、根拠を遡っていけばまったく根拠を欠く主張の上に成り立っていることになるだろう。では、そうした根拠を欠く主張がどうして元の主張を正当化する合理的な根拠になるというのだろうか。以上からわかるように、アグリッパのトリレンマは、議論の相手が唱えるどんな理論的な主張も、最終的には根拠を欠いているか、あるいは根拠付けようとしても循環してしまうか、無限遡行に陥るために正当化に失敗すると暴露するものである。どのパターンでも、相手の元の主張には合理的な根拠がまったくないと証明できる。要するに懐疑の方式とは、標的とする命題に対して相手が抱いていた自信や確信を喪失させるものなのだ。

ピュロン派懐疑論③――さらなる探求を閉ざさないために

ただしピュロン派の人々は、理論的な信念はどれも知識にならないという結論を導こうとしているわけではないことに注意する必要がある。「理論的な信念はどれも知識にならない」ということ自体一つの理論的主張で、そこにまた疑いを差し挟む余地があるからである。こうした理由からピュロン派懐疑論は、当時ギリシアを席巻していた懐疑論、すなわちアカデメイア派懐疑論[★4](Academic scepticism)としばしば対比された。実際、セクストス・エンペイリコスは、ピュロン派懐疑論を独断論と(アカデメイア派)懐疑論の中間的な立場を占めるものとして説明している。つまり、独断論者は「知識はある」と主張し、アカデメイア派懐疑論者は「知識はない」と主張するのに対して、ピュロン派の人々は「探求し続けるべきだ」と主張するのである。要するにピュロン派の人々にとって重要なのは、慎重な探求心なのだ。独断的な信念を持ち続けることを避け、常に間違いの可能性に慎重になるべきであるのと同時に、懐疑したまま終わることも避けるべきである。なぜならば、どちらの場合もさらなる探求を閉ざしてしまうきらいがあるからだ。このように見るとピュロン派懐疑論は、懐疑を生み出すことに主眼を置いているというよりは、むしろ**信念を一時的に保留するよう促すこと**が第一目的だとわかる。なお興味深いことに、ピュロン派の考え方は「懐疑論者」という言葉が本来持っている意味に近いところがある。というのは、ギリシア語で「懐疑論者」は、懐疑する者というよりも探求する者というニュアンスが強いからだ。つまり、「懐疑論」とは疑念を抱くことであるという(第1章冒頭で見た)考え方は本来、二次的なものである。また、ギリシア語のエポケーは、懐疑の方式が生み出す中立的な態度を指すが、通常「判断保留」と訳される。

慎重な探求心こそがよい人生の中核をなす

ここまで見てきたピュロン派の考え方に従うと、十分に慎重な探求心に基づく活動こそが、人間らしい豊かに繁栄に満ちたよい人生の中核をなすものである。これがアリストテレスの考える「よい人生」とはまったく異なるのは明らかだろう。アリストテレスとの違いの中でも特に重要なのは、慎重な探求心を末永く発揮すること、そして知的に関心を持ち続けることこそがよい人生に繋がる要素だと考えている点である。これに対し、アリストテレスにとって熟慮やその他知的な能力の行使は、たしかに人間らしく豊かに繁栄したよい人生にとって重要ではあるものの、あくまでも数ある不可欠な要素の一つにすぎない。知的な関心以外にも、何かに惹かれるという審美的な関心、善悪を見極め何をなすべきかに気を配る道徳的な関心、ある目的のためには何をなすのがよいかを推理する実践的な関心などの要素もよく生きるには重要である。このことを踏まえるとピュロン派の人々は、どう生きるべきかという倫理上の目標を達成するには知的な能力の行使だけで十分だと考えるのだから、アリストテレスの説明よりも広い範囲に及ぶ懐疑論を取り入れることができると言えるだろう。懐疑論に基づく活動はよく生きる上で必要になりそうな他の要素を損なってしまうのではないかという心配は、ピュロン派の人々にとって無用である。なぜなら、そうした他の要素は彼らの考える「よい人生」を送る上でまったく重要ではないからである。これとは対照的に、アリストテレスにとって懐疑論は親切心や勇敢であることなどの徳の発揮をときに阻害してしまうため、むしろ懐疑をある程度抑制することが重要になる。つまり、アリストテレスのように、よい人生を形作る要素を多面的で充実したものにすればするほど、懐疑論はそうした要素と衝突しやすくなってしまい、その結果懐疑の射程はどんどん狭まってしまうということだ。とはいうものの、懐疑的な態度を保ちながらよい人生を送る場合でも過激な懐疑が推奨されるわけではなく、許容できる懐疑には限りがあるという教訓は、アリストテレスでもピュロン派の人々でも変わりはないのだが。

懐疑論、自信、そしてよく生きること

自信と懐疑の心は矛盾するか

これまでの箇所で私は、豊かに繁栄した人生、つまりよい人生を本質的に形作るのは知的な徳であるという考えを紹介してきた。また、過激な懐疑論とは違って、適度な懐疑論はそうした知的な徳の発揮とみなせることも説明した。しかし、懐疑論が豊かに繁栄した人生を本当に阻害しないのかという懸念については、依然として解決すべき問題が残っている。なぜならば、私たちは普通、よい人生を送るためには懐疑的な態度と並んで、自信を持つこともなくてはならないものだと考えているからである。私たちは誰しも、自分の意見に自信を持ちそれを貫くことが期待されている。つまり、自分なりの信条に従うことや、反対意見が少し出たからといって最重要だと思っている信念を簡単に捨てないことが望まれている。少なくとも、自信や信条のない人物は、人間らしく豊かに繁栄した人生を送っていくために必要な何かを欠いていると言えるだろう。実際、自信がまったくなければ、証拠を集めて決断を下そうとしても優柔不断になりかねないのだから、知的に勇敢であるという徳を発揮するにはやはり自信が必要ではないだろうか。しかし、仮に自信に満ちた人生がよい人生へと繋がるとしても、そのことは一見するとこれまで述べてき

た適度な懐疑論と相反してしまうように見える。それでは、どうすればこの両者に折り合いをつけることができるだろうか。

自信とは何か①——根拠のない自信はよい人生に繋がらない

私の考えでは、自分の意見に自信を持つことは、適度な懐疑論に基づいた態度をとることとまったく矛盾しない。このことを理解するには、自信ないしは信条とは何であるか、そしてそれが豊かに繁栄した人生とどのように関わるかを予備的に説明しておく必要があるだろう。何よりも

図12　自信と公共的理性．私たちは政治指導者に自信や強い信念を持ってほしいと思うかもしれないが，理性から切り離された自信はかえって危険なものになりかねず，ときにデマゴーグに利用される．

まず注意すべきは次の点だ。すなわち、合理的な裏付けがあるかどうかを一顧だにしないまま、自分が自信を持っている意見に固執し自分なりの信条にこだわろうとする人々には何ら称賛すべき点がないことである(図12)。自信過剰で、何がなんでも自分の信条にしがみつくのは単なる独断以上のものではなく、それは豊かに繁栄した人生を形作る要素になりえない。ましてや、知的な徳の発揮とはまったく無関係だろう。

自信とは何か②——すぐに自信をなくし意見を変えるのもよい人生に繋がらない

また、「反対意見に直面しても自信を持ち続け信条を貫くことが望まれている」とは、ここでは「他者からの圧力によっては、自分が自信を持っている意見や信条をそうやすやすと手放さないことが望まれている」ということである。たとえば、あらゆる人種差別に反対している人物が、人種差別的言動を繰り返しているレイシストたちに取り囲まれている場面を想像してみてほしい。もしこの人物が彼らの意見にいとも簡単に「なびいて」しまい翻意したら、私たちはどう思うだろうか。つまり、レイシストたちの圧力に屈して、彼らの思想を受け売りするようになったとしたら、私たちはその人物を見損なったと思うのではないだろうか。なぜかと言えば、特に大した根拠があるわけでもなく、ただそちらの方が都合がいいから(この場合社会的に都合がいいから)という理由で、自分の意見を覆したからである。逆に、意見を改めるに足る根拠が新しく見つかる場合もときにはあるだろう。そうした場合には意見を変えるべきだが、正当な根拠があれば意見を変えるというのは何も自信や信条がないということではない。それはむしろ根拠や合理性を重んじている証拠だ。こうした振る舞いは明らかに、知的な徳を積んだ人にふさわしいものである。

このように、社会的な圧力に屈して、自信を持っていた意見や信条をやすやすと手放す人を見たら、私たちは幻滅する。同じように、ちょっとした物言いがついただけですぐに意見を変える人を見たら、私たちはやはり幻滅するはずだ。自分の信念を適切に形成し、それを裏付ける正当な根拠があるならば、仮に反対意見にぶつかっても、そう簡単に意見を変えるべきではない。まして、その反対意見の根拠が薄弱であればなおさらである。実際、なぜ自分の意見に自信を持つようになったかをよく考えてみれば、根拠薄弱な反対意見に遭遇してもうまく反論して退けることができるはずだ。たとえば、反対意見を正当化しようとする相手がいたとしても、その根拠がどう見ても間違っているものなら異論を唱えることはそう難しくないはずである。つまり、本当に自分の意見に自信を持っているのなら、反対意見や反証に耳を傾けようとしない理由は本来ないはずなのだ。

自信とは何か③——根拠のある自信は適度な懐疑論を内包し、よい人生に繋がる

このように、単に自信を持ち続け信条を貫くのではなく、合理的な根拠に基づいて自分の意見に自信を持つことこそが称賛に値するものである。そして、自信や信条が人間らしく豊かに繁栄したよい人生の一部になると言えるには、それは反対意見や反証に耳を傾ける余地を残すものでなければならない。以下では、これを根拠のある自信と呼ぼう。これにより、根拠のない自信は独断以上のものではないとわかるため、脇に置くことができる。それは合理的な裏付けがないか、

反対意見や反証を一切遮断している（またはその両方に該当する）のだ。これとは逆に、根拠のある自信は、知的な徳を積んだ人生の一要素であるように思われる。実際、それは先に述べたような適度な懐疑論を受け入れることとまったく相反していない。適度な懐疑論を実践するには根拠に対してそれなりに敏感でなければならないが、いま述べたようにそうした根拠への敏感さこそが根拠のある自信なのである。

根拠のある自信を持ちながら謙虚になることは可能か

しかし、議論の焦点を根拠のある自信だけに絞っても、まだ問題は残っている。真剣に考え抜いた結果として一つの結論に達したのなら、それはもう本人にとって解決済みの事柄で、もはや反論の余地などないことにならないだろうか。もしそうだとしたら、根拠のある自信に満ちた人物はなぜ、反対意見や反証をいちいち考慮しなくてはいけないのだろうか（逆に、反論の余地を認めて本人にとって解決済みでないとしたら、本人は根拠のある自信を元々持っていなかったと言えないだろうか）。実際、ある意見に対して非の打ちどころのない合理的な裏付けがあると考えているなら、その意見を覆そうとしてくる反証は間違っているとみなすべきではないだろうか。逆に、そうした反証を重要な反論として受け止めてしまうのなら、それはまさしく自分の意見に対する自信が揺らいでいることにならないだろうか。あるいは、そうした反証に直面しても、自分の意見に対する自信がまったく揺るがないとすれば、それは結局、（おそらく暗に）独断的な態度をとっているだけで、自分の意見に対する反証を重要な反論とはまったく思っていないことにならないだろうか。

こうした問題は、意見が衝突するケースを考えればよりはっきりとする。たとえば、あなたは(自由民主主義を支持するような)特定の政治的な見解を長きにわたって吟味し続けてきた経験から、現在その見解に対して根拠のある自信を持っているとしよう。その上で、あなたの目の前には、正反対の政治的な見解を持つ人々がいるとする。彼らは、あなたと同じように政治の問題を考え抜き、その結果(自由民主主義を支持しないという)あなたとはまったく逆の結論に達したのである。政治の問題を徹底的に熟慮してきた彼らは、あなたに対して容赦のない反論を仕掛けてくる。それも、非の打ちどころのない反論である。こうしたとき、あなたはどのように応答すべきだろうか。いまの問いはこう言い直してもいいだろう。あなたはいま自分の政治的な見解に対して根拠のある自信を持っているが、その根拠のある自信に鑑みてあなたは何をなすべきだろうか。

ここで、「根拠のある自信を持つとは、反対意見や反証を一切取り合わないことである」と考える人がいるかもしれない。反対意見や反証がどんなものであろうと、あなたはすでに政治的な問題について十二分に考え、その結果一つの結論に達したのだ。そうすると、この政治の問題はあなたにとって解決済みの問題だと言いたくなるかもしれない。だが先述の通り、このような応答の仕方は独断的だろう。

なぜかと言えば、根拠に基づいて考え抜けば誰しもがまったく同じ結論に達するとは限らないからだ。特に、政治のような議論が絶えないテーマではなおさらそうではないだろうか。だとすると、あなたは自分の意見にこだわろうとせず、謙虚になるべきではないだろうか。ところが、謙虚になると今度は自信の喪失に繋がるのだった。つまり、意見がぶつかり合っても、謙虚であればたしかに独断を避けることができ自分の意見に固執せずに済むものの、その代償として自分の意見に対する自信が揺らいでしまうのである。では、根拠のある自信を持ち続けながら、謙虚になることなど可能なのだろうか。

いまの問題は、知的な徳という概念を使って言い直せばより鮮明になるだろう。つまり、知的な徳を発揮することと自分の意見に自信を持つことは、一見したところまったく相容れないのだ。これまで述べてきたように、両者は人間らしく豊かに繁栄したよい人生にとって重要な要素を担っている。ところが、知的な徳には知的に謙虚であることが含まれている。この徳は、徳を積んだ人生を形作る上で必要となる適度な懐疑論と密接に関連している。知的な謙虚さが欠乏すれば、知的に傲慢もしくは独断専行になってしまうだろう。しかし適度な懐疑論を取り入れる人物は、知的に傲慢であろうとするのではなく、知的に謙虚であろうとするのではないだろうか。なぜならばそうした人物は、他人だけでなく自分の意見に対しても適度な疑いの目を向けるからである。特に意見がぶつかり合うとき、適度な懐疑論に基づいた態度をとる人は、議論の相手と真摯に向き合うだけでなく、少なくとも一時的には、自分の意見に対する自信を控えめなものにしようとするはずだ。実際、知的に謙虚であることとは、自分の知的能力やこれまでに自分が挙げた成果を低く見積もることだと考えたくなる場合がある。たとえば、自分は何でも知っていると自負するのではなく、間違いを犯しやすい人間として自己を捉えようとする姿勢こそ、真の意味で知的に謙虚であると考えたくなるかもしれない。こう考える者は、何が正しいかはそう簡単にはわからないと自戒して、周囲の人々から多くのことを学ぼうとするはずだ。しかし、知的に謙虚であることをそのような形で理解してしまうと、徳を積んだ人生において自分の意見に自信を持ち信条を貫くことが入り込む余地などないのではないか。

知的に謙虚であること①──自分を値踏みする徳ではない

しかし、知的に謙虚であることと自信を持つことは矛盾するという立場に異を唱えることは十分可能だ。これを理解するには、知的に謙虚であるとはどのような知的な徳なのかを正確に把握する必要がある。結論から言えば、前段落の議論が間違っているのは、知的に謙虚であることを完全に内向き、すなわち自己に向けられた徳として捉えている点である。つまり、私がいまから反論したいのは、**知的に謙虚であるとは自己を知的に値踏みする徳のことだと言い張る立場**である。

この立場が言いたいことはすでに明らかにした通りである。つまりこの立場によると、知的に謙虚であるとは、自分を実際よりも低く自己評価することで、自分の能力やこれまでの成果などを正確ではない仕方で(少なくとも無意識的に)理解することである。ひょっとすると、この立場には一理あるように思われるかもしれない。というのは謙虚だと言われる人は往々にして、自分の能力や成果を控えめに考えがちだからだ。しかしながら、よく考えてみれば、こうした立場が謙虚であることの本質を正しく捉えていないのは明らかである。というのは、もし自分自身を控えめに、つまり正確ではない仕方で捉える立場が正しいとしたら、自分の能力や成果を現実通りに正確に理解することすら悪徳になってしまうからだ。知的かどうかを問わず、謙虚であるという一般的な徳で言っても、正しい自己理解が悪徳になるのは不可解であるし、知的に謙虚であることに当てはめればなおさらおかしな話だろう。知的な徳とは本来、知的な事柄における何らかの卓越性を表すものである。自分の能力や成果への不正確な理解が、知的な徳という卓越性の一種となることなど到底ありえないのである。

この点を踏まえて先の立場を修正すると、知的に謙虚であるとは次のようなものだと主張したくなるかもしれない。すなわち、自分の知的能力や成果を実際よりも低く見積もるのではなく、人間にありがちな認識上の欠点や間違いやすさを自覚し、思い上がらないようにすることである、と。こうした仕方で知的に謙虚であることを捉え直した場合、その要点はいわば「身の程をわきまえること」と言い換えてもいいだろう。たしかにこのように修正された立場は、自分の能力や成果への不正確な理解が知的な徳の一種になってしまうという問題を周到に回避できる。しかしこの立場も、知的に謙虚であることを内向き、すなわち自己に向けたものとして捉えているために問題を抱えている。たとえば、高い知的能力を持ち、十分な成果を挙げ、周囲の人々よりもずっと知的に優れている人を想像してみよう。しかもその人物は、頭脳明晰で間違えることがほとんどないだけでなく、自分が知的に優れていることも十分自覚しているとしよう。もし知的に謙虚であることが「身の程をわきまえること」を指すとしたら、この人物の「身の程」は他の人に比べてずっと優秀なのだから、周囲の人々に偉そうな態度をとったとしても何も悪くないことになってしまう。たとえば、この人物が周囲の人々の意見を軽んじるような振る舞いをしても何も悪いところはないことになるだろう。いまの修正された立場では、こうした偉そうな振る舞いを正当化してしまいかねないのである。

知的に謙虚であること②――他者への知的な敬意

では、知的に謙虚であるとは結局のところどのようなものだろうか。ここで最も肝心なのは、知的に謙虚であることを内向き、すなわち自己に向けた徳として捉えるのではなく、外向き、すなわち他者に向けた徳として捉える必要があるということだ。つまり、自分がどういった知的な能力を持っていて、これまでどういったことを成し遂げてきたかを値踏みするのではなく、他者に対してどう接するかに目を向けるべきなのだ。具体的に言えばこうである。自分以外の意見に耳を傾け、自分の意見の根拠を他者に説明し、問題になっている事柄について建設的に議論を交わすなどの仕方で、知的活動を実践する上で他者を尊重する振る舞いができる人こそ、まさしく知的に謙虚な人なのである。たしかに、自分の知的能力や自分が成し遂げたことを正しく理解し、「身の程をわきまえている」ことは、知的な徳を積んだ人によく見られる特徴ではある。しかし少なくとも知的に謙虚であることについて言えば、その正体は、そうした内向きのものではなく、実際には他者に対して知的な敬意を示すという外向きの特性なのだ。

なぜ知的な謙虚さは根拠のある自信と矛盾しないのか

このように内向きではなく外向きに理解すれば、知的に謙虚であるという徳に基づく振る舞いと根拠のある自信の間にあるように見えた矛盾は解消することができる。たとえば、自分の意見を支持するにあたってその根拠や反対意見を徹底的かつ詳細に検討している人物を考えよう。さらに、この人物の目の前には正反対の意見を持っている人々がいるが、この人々はその正反対の意見についてそれほど深く考えていないとしよう。こうした意見の衝突がある場合でも、知的に謙虚であることは自分の意見に自信をなくしてしまうことを意味するわけではない。そうではなく、いかに相手の意見が未成熟だとしてもそれを議論の俎上に載せ、自分の立場との違いを説明するために言葉を尽くすなどして、相手とその意見に知的な敬意を払う振る舞いこそが知的に謙虚であることなのだ。

　もちろん、このような提案に違和感を覚える人もいるかもしれない。もしこの人物が反対意見になびくことがないのだとしたら、それは結局、芝居を打っているようなもので、実際には軽んじている相手の意見を重要な反論として受け止めているかのようなふりをしているにすぎないのではないか。しかし、本当に芝居を打っているとしたら、それは知的に謙虚であるという徳の発揮とは言えないことに注意してほしい。ここで知的な徳は、徳一般と同様に、徳ある動機に根差していたことを思い出すべきである。たとえば、他人に褒められたいからという理由で寛大であるかのように振る舞うのでは、寛大であるという徳を発揮したことにはならない。さらに、寛大な振る舞いをするにあたっては、他者への配慮といった正しい動機に根差していることが重要になってくる。したがって知的に謙虚であるという徳も、あたかも自分が知的に謙虚であるかのように振る舞うということではまったくない。むしろ、知的に謙虚であることの本質は、他者への知的な配慮に基づいた振る舞いをなすことにあるのだから、そこに芝居や演技はありえないのだ。

自分の意見に対する自信と知的な徳とがよい人生を切り開く

知的に謙虚であるという徳と根拠のある自信を矛盾なく併せ持つことは、私たちが現代社会を生きる上で極めて重要である。知的な徳は、私たちが人間らしく豊かに繁栄した人生を送るのに必要なものだ。そして適度な懐疑論を取り入れることは、知的な徳を積んだ人生の一部をなしている。しかし、私たちがよい人生を送るには、根拠のある自信もまた不可欠だろう。根拠や合理性の観点から見ると、あらゆる見解が等しい価値を持つことはありえない。つまり知的な徳を持っている人は、他者と意見がぶつかり合ったとしても、そうやすやすと翻意するのではなく、必要に応じて自分の意見を擁護しようとする姿勢を保つ必要がある。なかでも、(自由民主主義などの)既存の政治体制を維持したり科学の信頼性を守るといった社会的なテーマになってくると、自分の意見に自信を持ち、優柔不断にならずに知的に勇敢であるという徳を発揮することがなおさら重要になるはずだ。とはいえ反対意見に直面しても自信を持ち続け信条を貫くべきである一方で、やはりその場合でも忘れてはならないのが他者の尊重である。そして、他者を尊重するには知的に謙虚であるという徳がやはり必要になってくるのである。

万が一、知的な徳が反対意見への屈服や翻意を要求するものだったとしたら、厄介なことになっていただろう。実際、このような形で反対意見に屈服し始めると、適度な懐疑論が適度でなくなり、すでに見た過激な懐疑論へと転落し、その結果、社会に有害な帰結をもたらすことは容易に想像できる。もし、手持ちの証拠が反対意見の正しさを示しているわけではまったくないのに、反対意見にただ遭遇するだけで自分の意見に対する自信が揺らいでしまうのなら、私たちは誰も自分の信じるものに自信を持てなくなるだろう。過激な懐疑論への道はこうして開かれ、その道はやはり、何が本当に正しいのかお構いなしの真理の相対主義へと通じている。

しかし、自信と知的な徳のどちらか一つだけしか選び取ることができないというのは、端的に誤りである。どちらも手に入れることは十分可能だ。私たちは、自分たちの人生に適度な懐疑論を取り入れることで、知的な誠実性などの知的な徳を適切に発揮しながらも、自らの意見に対する自信を問題なく持ち続けることができるのである。

訳注

謝辞

★1　本書の原著は二〇一九年に刊行されたが、二〇二三年現在、「相対主義」のオンライン講座はすでにコーセラで開講されている。下記を参照。https://www.coursera.org/learn/relativism

第1章

★1　日本では必ずしもそうではないが、欧米では「中古車セールスマン」と聞くと、（映画やテレビ番組の影響もあってか）中古車を売るために強引で腹黒い振る舞いをするといった、よくないイメージやステレオタイプが先行するようである。

★2　日本語で「信念」と言うと、物事をやり遂げようとする意志や心意気、ないしは宗教的な信仰を思い浮かべてしまうかもしれない。しかしここで言われる「信念」や「信じる」は哲学の専門用語で、その意味は「〜と思っていること」である。より詳しく述べれば、この世界がどうあるかについて心に抱いている状態を指し、あることを信じる人は普通そのことを正しいものとして受け止める。たとえば、あのセールスマンは信頼できるという信念をあなたが持っているとは、「あのセールスマンは信頼できる」とあなたが（意識的か無意識的かを問わず）思っており、そのことを正しいものとして受け止めていることに等しい。

★3　星占いや血液型占い、おみくじなどは、多くの場合いわゆるバーナム効果を狙っていると言われる。これは、ほとんど誰にでも当てはまる一般的な特徴・予言を、さも当人にしか当てはまらないように感じてしまう現象のことである。

★4　「偽りの事実」や「ポスト真実の政治」とは、客観的な真理が軽視されたり専門家の意見がないがしろにされたりするような政治的状況のことである（そして真理への無関心や軽視の態度は「ウンコな議論（デタラメ／bullshit）」と呼ばれる）。特に、昨今のソーシャルメディア社会では煽情的なデマやフェイクニュース、陰謀論、プロパガンダが瞬く間に拡散される傾向にあり、以前よりも政治的な嘘がまかり通るようになった。その結果、現在の世論形成や国民投票では、真理や正しさではなく、感情や個人的な信条に訴えかけることがより大きな影響力を持っていると言われる。なお、ポスト真実の政治を代表する現象としては、二〇一六年のアメリカ大統領選挙におけるドナルド・トランプの勝利が槍玉に挙げられがちである（そしてトランプは、図1のキャプションで言及される「非常に著名な政治家」の一人としても知られる）。

★5　この段落は少し難しいが、「宇宙人は存在する」と「Aさんは甘いものが苦手だ」という二つの命題を比較してみるとわかりやすいかもしれない。まず、前者の命題は、誰が何を好き嫌いするかにまったく関係なく客観的に真偽が決まるものだ。宇宙人が本当に実在すれば真であるし、実在しなければ偽である。この命題と区別せねばならないのは、「宇宙人は存在するとAさんは本気で思っている」という命題だ。こちらは、Aさんの考えを記述・報告するもので、Aさんが宇宙人の存在に対してどう考えているかに応じて真偽が決まる。このとき、宇宙人が本当にいるかどうかはあまり関係がない。あくまでAさんの思いや考えに焦点が当てられているのだ。そして、先に述べた「Aさんは甘いものが苦手だ」もこれと似たところがある。この命題はAさんの好き嫌いに関する報告だ。つまり、この命題はAさんの主観に焦点を当てているわけだが、報告である以上真偽を問うことができる。Aさんが（噂通り）本当に甘いものを苦手とするならこの命題は真だが、実は（誰にも言っていないが）甘いもの好きなら偽である。つまり、「Aさんは甘いものが苦手だ」という命題はたしかにAさんの好き嫌いという極めて個人的な問題に関するもので、Aさんの主観的な好み一つで真偽が変動するとはいえ、真か偽か問うこと自体は十分可能なのである。なお、これと対照的な扱いを受けるのは、「甘いものウゲー！」という発言かもしれない。Aさんがこの文を口にするとき、たしかにそれはAさんの甘いもの嫌いを表現している。しかし「甘いものウゲー！」という発言は、この世界の何かを報告したり記述するものではない。それは甘いものに対する忌避感や嫌悪感をただ表出したり吐露しているだけで、内容の真偽を問えそうにない（発言が本心か嘘かぐらいは問えるかもしれないが）。よって、「A

さんは甘いものが苦手だ」と(Aさんが口にする)「甘いものウゲー!」は、同じ好き嫌いに関する発言ではあるが、真偽を問えるかという点でまったく異なる可能性がある。

★6　この段落の議論もやや複雑だが、要するに相対主義は、「みんな正しい」と言って議論相手の主張を尊重するように見えて、実際には尊重できていないということだ。いま、Aさんがある議論相手と激しく議論しているとしよう。Aさんは「理論1が正しい。君は間違っている」と論難し、相手は「理論2が正しい。間違っているのはAだ」と応酬している。ここに第三者の相対主義者がやってきて、二人をなだめようとして次のように助言する。「実はAさんとお相手は、どちらも間違っていません。理論1は(Aさんの主観・感想からすると)正しいですし、理論2は(お相手の主観・感想からすると)正しいのです。絶対的な正しさなど存在せず、あるのは個人の主観や感想次第で真偽が変わってくる相対的な真理だけなのです。」しかし当然、Aさんはこれに納得しないだろう。なぜならば、Aさんは何も「理論1は(自分の主観・感想からすると)正しい」と述べようとしていたわけではなく、理論1の正しさは個人の主観・感想とはまったく関係なく客観的に成立する、と言いたいからだ。つまり、相対主義者はすべての「正しい」や「真理」を「(個人の主観・感想からすると)正しい」や「(個人の主観・感想に相対的に成立する)真理」へと意図的に読み替えることで、Aさんが言わんとすることを無理やりねじ曲げてしまっている。相対主義が、Aさんと議論相手の意見を「尊重することとから程遠い」と本文で述べられているのはそのためだ。

★7　たとえば、新薬の臨床試験(治験)を実施する際、被験者や(データ測定者とは別の)薬の投与者には、新薬の詳細や、新薬と偽薬のどちらを投与したかを伏せる(ブラインディングする)のが通例である。なぜならば、事前情報があるとプラセボ(偽薬)効果によって思わぬ結果が出てしまい、新薬の治療効果を正確に判断できない可能性があるからである。つまり、実験データを先入観なしで測定し分析するには、実験を実施する関係者に詳しい情報を教えないでおくことが重要になる。

★8　つまり、適切な理由や証拠なく人がある命題Pを信じるとき、その信じている内容が偶然に(ときに奇跡的な確率で)正しい場合もあるが、当人はPを信じているだけでPを知っているわけではない、ということである。たとえば、数学の難解な問題を解く場面を考えよう。Aさんが「答えは2だ」と述べ、実際に答えは2だったとする。もしAさんが十分な数学的能力を備えていて、正しい計算方法でその答えを導き出したのなら、Aさんは、答えは2だと知っていると言えるだろう。他方で、もしAさんが少しでも点数を水増ししようとして、完全な当てずっぽうで2だと予想しただけならば、Aさんは正しい答えを知っていたとは言いがたい。なぜならば、当てずっぽうはたしかに信念を生み出すものではあるが、多くの場合間違った内容の信念を生んでしまうために、知識を生み出す手段として適切な方法ではないからだ。当てずっぽうと同様に、騙されやすい性格も知識を生み出す手段としては不適切である。つまり、他人を疑わず簡単に騙されてしまう人は、聞かされた話に基づいて多くの信念を持ち、たしかにその中には真なる信念も混じっているかもしれないが、その認識上欠陥のある性格ゆえに多くの知識を持っているとは言いがたいのだ。

★9 誤解を恐れずに言えば、何かの技能に長けていることと、そのやり方を文の形で言語化でき、それを命題的知識として持っていることはまったく別ということだ。たとえば、どんな位置からでもシュートをねじ込むことに長けているエースストライカーは、シュートを打つ際身体がどのような動きをしているかについて詳しく説明できる必要はない。他方で、ストライカーの身体の動かし方を分析し、それについて多数の論文を発表しているスポーツ科学者が、サッカー未経験者で人並み以下のシュートしか打てないとしても別におかしくはない。この点で方法知は、日本語の語感では「知る」というより「会得」や「コツをつかむ」に近いところがある。

★10 ここで述べられているのは、過激な懐疑論が標的としている問いとは、基本的に「信念が真と考えるべき正当な理由があるか」であって、「信念が実際に真であるか」ではないということである。原著者によれば、知識とは正当な理由に基づく真なる信念のことだが、これは知識が「真なる信念」と「正当な理由に基づくこと」という二つの独立した要素から成ることを意味している。そして、「私たちは多くのことを知っていると思い込んでいるだけで実際にはほとんどのことを知らない」という過激な懐疑論者の最終目標を達成するには、正当な理由に関する後者の要素だけを攻撃すればよい。逆に言えば、過激な懐疑論者は真理や真なる信念に関する前者の要素に対して攻撃的になる必要はない。つまり、多くの信念は根拠に乏しいか正当な理由がないと示すだけで十分で、その信念が客観的に偽である(間違っている)とまで主張する必要はないのである。実際、過激な懐疑論者はまず、信じ込みやすく騙されやすい人の例にあるように「正当な理由に基づかないが、(偶然に)真となる信念」の存在を問題なく認めることができる。知識の一要件である「真なる信念」を満たしたとしても、もう一方の要件である「正当な理由に基づくこと」を満たさない以上、この信念は知識ではないのだから、やはり過激な懐疑論者にとって信念が真か偽かはあまり関係がない(もっと言えば、あらゆる信念が真でも彼らの主張にはまったく影響ない)。だからこそ原著者は本文中で、「知識は持っていないが客観的に真である信念を持っていること」は過激な懐疑論と矛盾しないと述べているのである。次に、過激な懐疑論者は「真理は個人の主観に相対的だ」と論じる相対主義にコミットする必要もない(別にコミットしてもよいが)。繰り返し述べているように、過激な懐疑論は、信念が真であるかどうか、ないしは真理とはどういったものかという問題に直接には関わっていないからである。本文中で原著者が、「知識は持っていないが主観的に真である信念を持っていること」は過激な懐疑論と矛盾しないと書いているのは、こうした理由による。ただし、正当な理由をすべて疑ってかかり全面的な懐疑を実践した先には、「そもそも客観的真理などなく、すべては個人の好き嫌いや感想の問題だ」と考える相対主義が待ち構えているかもしれない。この点で過激な懐疑論は、真理の相対主義を含意するわけではないものの、それと比較的相性はよい。だからこそ原著者は本文で、「相対主義は、とりわけ客観的な真理についての知識を標的とする懐疑論とはまったく無関係」なのに「懐疑論は、広範囲に行きわたるようになるとやはり相対主義に陥る可能性がある」と述べているのだ。

第2章

★1　一七世紀に活躍したフランス生まれの哲学者。確実に真である知識を学問の基礎に据えようとしていたデカルトは、真理の探究のために一度すべてのものを疑った。そこで利用したのが、現実と夢の区別に関する懐疑や悪霊(欺く神)の想定である。よく知られているようにデカルトは、過激な懐疑にあっても「われ思う、ゆえにわれあり」というコギト命題は疑いえず、これこそが確実に真である知識に相当すると考えた。なお、一点さえ定めてやればテコの原理を使って地球すら持ち上げられるというアルキメデスの主張になぞらえ、デカルトはコギト命題を「不動点(アルキメデスの点)」とも呼んでいる。

★2　基礎づけ主義とは、現代認識論の立場の一つで、あらゆる信念は、それ自体は認識的理由を必要としない「基礎的な」認識的理由に基づいていると考える立場である。特にデカルトによると、この基礎的な認識的理由は決して疑いえない信念でなければならず(この信念がまさしくコギト命題である)、ほとんどの信念は疑いの対象になる以上疑いえない信念はそう多くない。したがって、デカルトの基礎づけ主義では、私たちの信念は全体としてはいわば逆ピラミッド型の構造を持つことになる。底にあるわずかな数の疑いえない信念が基礎的な認識的理由となることで、それ以外の信念すべてを下支えしているからである。

★3　注意すべきことに、「思う(think)」と翻訳可能な語をデカルトが用いるとき、その意味は日本語の「思う」とはやや異なる。それは知性的な思考だけでなく、理解や想像、感覚といった精神活動も広く包括しており、どちらかというと「意識」により近いものである。なお、「コギト・エルゴ・スム」自体は'Je pense, donc je suis'というフランス語のラテン語訳にすぎず、正確にはデカルト本人が述べたものではない。

★4　デカルトは、欺く神(ないしは悪霊)という概念装置を持ち出し、全知全能の神であれば「2+3=5」といった数学的知識でさえ別のようにすることができると考えた。つまりデカルトの哲学的体系において、「2+3=5」や「三角形の内角の和は二直角に等しい」といったことはそれだけで真理とみなされるわけではなく、神が実在し、かつその神が認識的に誠実であることが知られて初めて真理とみなされるのである。ここで言われる「認識的誠実性」とは、神は決して人間を欺かないことである。デカルトによると全知全能の神にとって人間を欺くことは容易なことだが、欺こうと欲することは悪意や弱さの証拠であり神の全能性に反するため、神は欺かないと想定された。しかし、このようにあらゆる知識の真理性を神に負わせる論法にはこれまで多くの批判が向けられてきた。とりわけ、いわゆる「デカルトの循環」という批判によれば、デカルトは「明晰判明に認識できるものはすべて真である」という明証性の規則を打ち立て、それに則って神の存在証明を行なった一方で、神の実在および神の認識的誠実性によって当の明証性の規則の妥当性が保証される、と主張した点で矛盾が見られる。換言すれば、明証性の規則なくしては神の存在が証明できないにもかかわらず、神の存在や神の認識的誠実性がなければそもそも明証性の規則の正しさを保証できない。この問題は、デカルトの哲学が抱える最大の困難の一つとして長らく指摘されてきた。

★5　古代中国の哲学者(本名は荘周)。超越的観点から万物を等しいものとみなす万物斉同の思想を提唱し、荘周が蝶になる夢を見る説話「胡蝶の夢」が特によく知られている。万物斉同の思想によると、夢と現実は本質的に混ざり合い、どれが夢で現実かは答える必要がない問いであるため、人間が蝶になる夢を見ていたのか、それとも蝶が人間になる夢を見ていたのかについては、最初から見分ける必要がないと考えられる。

★6「現代のある哲学者」とは、アメリカで活躍したカナダ出身の哲学者バリー・ストラウド(一九三五—二〇一九)を指す。ストラウドによると、「ニューヨークには(どんな病気もすぐに治療できる者という意味での)「医者」は一人もいない」という主張は、「ニューヨークには(医師免許を持つ者という意味での)「医者」がたくさんいる」という主張とまったく矛盾しない。この二つの主張は、「医者」という言葉を異なる意味や定義のもとで使っているにすぎないからである。これと同様に、「私たちは(絶対確実で疑いえないという高いハードルを課す意味での)「知識」を一切持っていない」という主張は、「私たちは(高いハードルを必ずしも課さない、日常的な意味での)「知識」を数多く持っている」という主張とやはり矛盾しない。もし懐疑論がこのように「知識」の意味や定義を変えているだけだとしたら、それは途端に面白みに欠けるものになるかもしれない、とストラウドは指摘している(より詳しくは、『君はいま夢を見ていないとどうして言えるのか——哲学的懐疑論の意義』、永井均(監訳)、春秋社、二〇〇六年、七六ページ以降を参照)。ただしストラウド自身は、私たち人間が持っている知識の本質を解き明かしてくれるものとして懐疑論を捉えており、どちらかと言えばその意義を積極的に評価する立場に立っている点には注意が必要である。

★7　やや蛇足的だが、この段落で述べられていることを改めて説明したい。要するに、ここで問題になっているのは次のような推論だ。

(A) 私は、「自分がシャツを着ている」と知っている。
(B) 私は、「もし自分がシャツを着ているならば、自分はBIVではない」と知っている。
(C) ∴私は、「自分はBIVではない」と知っている。

まず(A)の根拠になるのは、私の感覚や記憶である。目線を少し下げるだけでシャツが目に入るし、手を伸ばせば、その柔らかい手触りを感じることもできる。しかも今朝シャツを着たことを覚えているし、それからまったく着替えていないはずだ。こうした感覚や記憶は、シャツを着ているという信念が真だと考えるべき正当な認識的理由である。逆にそれが認識的理由にならなかったら他に何が理由になるというのか。ゆえに、私は自分がシャツを着ていると知っている。

次に(B)の根拠になるのは、シャツの着用に関する命題がＢＩＶの仮説と矛盾するという点である。言い換えれば、脳だけの存在であるＢＩＶではどうあがいてもシャツを着ることができないということだ（もちろん、スーパーコンピューターのおかげで着ている感覚を持つことは可能だが）。ＢＩＶのストーリーにきちんと耳を傾ければ、ＢＩＶが手や身体を持っておらず、シャツどころかどのような服も着ることができないことに誰しも気付くはずである。それゆえ、私はこの推論に基づいて、「もし自分がシャツを着ているならば、自分はＢＩＶではない」と知っていると言える。このとき注意すべき点が二つある。一つは、シャツの着用の代わりに「大脳を持っている」という命題を用いる場合には、(B)のような知識は成立しないことである。理由は明白で、ＢＩＶはシャツこそ着用できないが、大脳は現に持っているからである。つまり、大脳の保持に関する命題はＢＩＶの仮説と矛盾しないため、「もし自分が大脳を持っているならば、自分はＢＩＶではない」は単純に間違っている。それゆえ、(B)と違ってそうした命題を私が知っているとは言えない。「自分はシャツを着ている」などのように、(A)から(C)に登場する例がＢＩＶの仮説と矛盾する命題でなければならない理由は、ここにある。(B)についてのもう一つの注意点は、それが二つの命題間の含意関係についての知識になっていることだ。この知識は一見馴染みがないものに見えるが、実はありふれたものである。たとえば、明日の花火大会に関して「雨天の場合は中止」という張り紙を見かけたあなたは、この情報を根拠として「明日雨が降るならば、花火大会は中止である」と知っていると言える。この知識は明日の天気と大会の開催可否の二つが連動していることを教えるものだが、(B)もシャツの着用とＢＩＶの成立可否の二つが連動していることを教えるものである。これは、構造上よく似ている次から区別されねばならない。

(B*)　もし自分がシャツを着ているならば、私は「自分はＢＩＶではない」と知っている。

(B*)で私が知っているのは「自分はBIVではない」という命題であって、「もし自分がシャツを着ているならば、自分はBIVではない」ではない。言い換えれば、(B*)は「ある条件のもとで私が知っていること」を教えるのに対し、(B)は「二つの命題間の含意関係(連動性)について私が知っていること」を教えるものである。

最後に(C)は(A)と(B)から論理的に導出されるものだが、その導出を支えているのは閉包原理だ。本文にある通り閉包原理は誰しも受け入れる自明な原理である。そのため、(A)と(B)を認めながら(C)だけを拒否することはできない(ただし(A)と(B*)では(C)を導出できないことに注意)。しかし、過激な懐疑論が横槍を入れてくるのはまさにここからだ。(C)に反して、私は実際には「自分はBIVではない」と知ることはできないのである。なぜならば、BIVが見たり触れたりするものは私たちが日常生活で見たり触れたりするものと一切見分けがつかない以上、自分が身体を持った人間であってBIVでは決してないと証明する手段がないからである。つまり、「BIVの仮説は排除できない」という過激な懐疑論のポイントはここで効力を発揮するのだ。

本来は「自分はBIVではない」と知ることができないとしても、さほど問題はないはずだった。そうした知識を欠いているとしても、他の大部分の日常的な知識にはまったく影響しないと考えられたからだ。しかし、いまや閉包原理が成立するおかげで、BIVに関する知識はその他の日常的な知識と深く関わってしまっている。私は「自分はBIVではない」と知らない以上、閉包原理によって妥当な帰結として導かれた(C)は妥当ではない。これは矛盾である。だとすると、誤った論理的帰結を導く前提である(A)または(B)の少なくともどちらか一方が誤りでなければならない。しかし(B)は、BIVが身体を持たない脳であることを理解すれば、ほとんど自明な前提である。よって、誤りであるのは(A)である。つまり私は、「自分がシャツを着ている」とは知らないのだ。(A)の根拠とされた感覚や記憶もBIVの仮説の前ではもはや頼りにならない。なぜならば、私がもしBIVだとしたら、シャツを着用している感覚や記憶は現実のものではなくスーパーコンピューターが私に送り込んだ信号であるため、それはシャツを着ているという信念が真だと考えるに足る正当な認識的理由ではなく、見かけ上の認識的理由にすぎないからである。先に「逆にそれが認識的理由にならなかったら他に何が理由になるというのか」と書いたが、懐疑論者に言わせれば、(A)の認識的理由になるものなど初めからなかったのだ。

以上から、BIVの仮説は排除できないというポイントをきっかけとして、(C)だけでなく閉包原理のもとで(C)を論理的に導く前提の一つである(A)もなし崩し的に偽となる。つまり私は「自分はBIVではない」と知らないだけでなく、「自分がシャツを着ている」ことすら知らない。本文で原著者が「過激な懐疑論的仮説を排除できないことに基づきつつ、閉包原理を逆手に取ることで、自分がシャツを着ているなどといった日常的な知識を根底から揺さぶっている」と述べているのはこういった意味である。

第3章

★1　一八世紀に活躍した、イギリスはスコットランドの哲学者。認識論において常識を重視したことで知られる。リードの考えでは、「外界は私たちが認識している通りに存在する」という常識的な信念に比べて、デカルトの悪霊仮説の方がもっともらしいというのはまずありそうにないと示すだけで、その仮説は退けることができる。

★2　一九世紀から二〇世紀にかけて活躍したイギリスの哲学者。現在のいわゆる分析哲学の素地を作った最重要人物の一人で、認識論ではリードと同じく常識を重視したことでも知られる。たとえば、二本の手など存在しないという主張に対しムーアは、自ら二本の手を上げて「ここに手がある」と述べることで論駁できると考えていた。ただし、当初ムーアが論駁しようとしていたのは、外界についての観念論ないしは反実在論であって、知識についての懐疑論ではないことに注意(ムーアが知識についての過激な懐疑論にはっきりと反対意見を表明するようになるのは、もっと後年になってからである)。

★3　この段落と直前の段落は次のように要約できる。まず、次の(A)が自明の事実として成立する。

(A)「私が現在シャツを着ているならば、私は現在シャツなしの状態ではない」と私は知っている。

よく考えればわかるように、シャツなしの状態にあるのにシャツを着ているという事態はありえない。シャツを着ているということを適切に理解していれば、(A)が成立するのは当然である。

次に、(A)から次の(B)が導かれる。

(B)「私が現在シャツを着ている」と私が知っているならば、「私は現在シャツなしの状態ではない」と私は知っている。

つまり、(A)が成り立っているとき、「私が現在シャツを着ている」と私が知っているにもかかわらず、「私は現在シャツなしの状態ではない」と私が知らないのはありえない。閉包原理に則するとこれは次のように言い換えることができる。すなわち、「私が現在シャツを着ている」(第一の命題)と私が知っていて、かつ「私が現在シャツを着ているならば、私は現在シャツなしの状態ではない」(第一の命題が第二の命題を含意する)と私が知っているならば、「私は現在シャツなしの状態ではない」(第二の命題)と私は知っているはずであり、この第二の命題を私が知らないというのはやはりありえない。

続いて、(B)からはその対偶である次の(C)が導かれる。

(C)「私は現在シャツなしの状態ではない」と私が知らないならば、「私が現在シャツを着ている」と私は知らない。

「PならばQ」という条件文の場合、その対偶は「QでないならばPでない」になる(PとQは命題を表す)。この二つの命題は論理的に等しい。よって、(B)とその対偶である(C)も論理的に等しいことを述べている。

最後に、過激な懐疑論者が主張するのは、次の命題である。

(D)「私は現在シャツなしの状態ではない」と私は知らない。

本文で示唆されている通り、「シャツなしの状態」の(唯一の例ではないが)代表例が、身体を欠いているBIVである可能性だ。そして、第2章で見た通り、「自分は現在BIVではない」と知ることは私を含むあらゆる人間にとって不可能だった。BIVの受け取る感覚経験は普段通りの感覚経験と何ら見分けがつかないため、自分がBIVではないと知る方法など皆無なのである。よって(D)が正しいことになるが、ここでのポイントは、(D)自体は過激な懐疑論的仮説にはっきりと言及するものではないにしても、「シャツなしの状態」を最も自然に想定できるのはBIVなどの懐疑論的仮説という点である。結局、BIVなどの仮説を適切に排除できない限り、「私は現在BIVではない」と知ることはできない。こうしてBIVなどの可能性を拭えないとき、(D)が不可避に成立してしまうわけだが、そうすると(D)と(C)より、「私が現在シャツを着ている」ことすら私は知らないという懐疑論的な帰結が導かれてしまう。私が現在シャツを着ていることは、明らかに日常的な知識の一部である。つまり、(D)自体は過激な懐疑論的仮説に明示的には触れていないものの、その仮説を排除できないことは、(D)と(C)の成立を経由することで、まわりまわって日常的な知識を破壊してしまうのだ。だからこそ、原著者はここで「ＢＩＶなどの過激な懐疑論的仮説に明示的な形で言及するかどうかに関係なく、日常的な知識を保つためにはその仮説を排除する必要がある」と述べているのである。そして、懐疑論的な結論を導くのに決定的な役割を果たしている――つまり、懐疑論的仮説と親和的な命題と日常的な命題の両者を「〜ならば…」という条件文によって結び付けてしまう――(C)は、知識に対する常識的な考え方から導かれたものである。というのも、それは元を辿れば、常識的に見て正しいことを述べている(A)や(B)から得られるからである。過激な懐疑論的仮説を排除する必要性が「知識に関する常識的な考え方から自然と導かれてしまう」と本文で書かれているのはそのためである。

★4　たとえば、私たちの住まうこの現実世界が現実さながらの夢に覆われた世界ではないことを証明しようとして、デカルトがそうしたように神の誠実性を利用しようとする者がいるかもしれない。つまり、神は知的に誠実な最善の存在者なのだから、私たちは誰かに騙されて夢を見ているのではなく、まさしくこの現実世界を生きていると確信でき、そう知ることができると考えたくなるかもしれない。そうすればたしかに過激な懐疑論的仮説が偽であると知ることができるため、(1)が偽である根拠を確保できる。しかしその代償として、私たちの知識が知識たるゆえんは究極的には神の誠実性に基づくことになるだろう。これは人間の認識と神の特徴の間の繋がりを確保したい者にとっては受け入れるに足る説明かもしれないが、常識的にはおおよそ受け入れがたい主張である。たとえば、目の前にリンゴがあるといった(神の存在と関係しない)ありふれたことを私が知るとき、この知識獲得に必要なのは、常識的には五感や記憶力といったありふれた能力であって、いちいち神の誠実性のような大仰な特徴に基づく必要などないように見える。よって、神の誠実性によって私たちは現実さながらの夢を見ているわけではないとして、過激な懐疑論的仮説が偽だと知ることができるとしても、その結果出来上がる知識の理論は神の誠実性に強く依存するものとなるために、過激な懐疑論者の主張以上に常識から逸脱したものとなるだろう。

★5　二〇世紀にイギリスで活躍したオーストリア生まれの哲学者。アフォリズムのスタイルで書かれた多くの著作は、難解ながらも、いまなお多くの哲学者に計り知れない影響を与え続けている。ムーアとは長らく友人関係にあり、最晩年のウィトゲンシュタインの遺稿を編集した『確実性の問題』はその影響が色濃く残っている。ムーアが常識の擁護という観点から反懐疑論の立場を打ち出したのに対して、ウィトゲンシュタインは、確実性の中でも「蝶番的な確実性」、すなわち合理的探究や日常的な行為の前提となり、あらゆる疑いから免れている確実性に着目することで懐疑論を解消しようとした。なお、蝶番的な確実性を持った命題としてウィトゲンシュタインは、「私は二本の手を持っている」の他に、「大地は存在する」、「どんな人間にも両親がある」、「私は月に行ったことがない」などを挙げている。

★6　『確実性の問題』、『ウィトゲンシュタイン全集9』所収、黒田亘(訳)、大修館書店、一九七五年、八五―八六ページ。傍点(原著ではイタリック)による強調は原著者による。

★7　同上、三八ページ。傍点(原著ではイタリック)による強調は原著者による。

第4章

★1　古代ギリシアの哲学者。アレクサンドロス大王の家庭教師としても知られる。極めて広範囲の領域で活躍し、その著作は形而上学から論理学、政治学、美学、修辞学、そして生物学にまで及んでいる。なかでも主著『ニコマコス倫理学』では、アリストテレスの倫理思想における最重要概念の一つである「エウダイモニア」について考察が加えられている。これは普通、繁栄(flourishing)や幸福(happiness)と訳されるが、その中心的な意味は「よく生きること(living well)」と一致することが多い。アリストテレスは、エウダイモニアを誰もが追い求める最高善として位置付け、たとえばエウダイモニアのある人生すなわち人間らしく豊かに繁栄した人生の一例として、家族に愛されたりよい友人を持っている人生などを挙げている。なお、「人間らしい豊かな繁栄」がわかりにくければ、「人間としてあるべき理想」と言い換えても構わない。

★2　古代ギリシアの哲学者。古代懐疑論(懐疑主義)の祖と言われるが、ピュロンは著作を一切残さなかったため、その活動は弟子たちによる記録によってしか知られていない。このことから、ピュロン自身の思想とピュロン派懐疑論には隔たりがあると一般に考えられている。なお、ピュロン派懐疑論が一六世紀半ばから一八世紀に広く読まれ再評価された背景には、セクストス・エンペイリコスの『ピュロン主義哲学の概要』(のラテン語訳)が一五六二年に出版されたことが挙げられる。この出版が一つの転機となり、ピュロン派懐疑論は近代ヨーロッパの哲学や科学、神学に多大な影響を及ぼした。

★3　古代インドの哲学者。漢訳名では龍樹とも言う。大乗仏教(日本で広まっている仏教も多くは大乗仏教に分類される)を体系化し、とりわけ中観派を打ち立てたことで知られる。中観派は、一切の物事が固有の本質を欠くという空の思想を展開する学派だが、その基本姿勢はピュロン派懐疑論と少なからず共通点を持っている。たとえば、徹底的な探求を重視し、判断保留を主要な目的の一つとする点で両者は軌を一にすると言われる。

★4　アカデメイア派懐疑論の名は、哲学者でアリストテレスの師でもあったプラトン(前四二七—前三四七)がアテナイで開いた学園アカデメイアにおいて、プラトンの死後、数世代を経た学頭たちが次々と懐疑論を展開したことに由来する。アカデメイア派懐疑論者は、他者の信念を批判的に吟味することに専心し、特に知識や真理の基準の存在を疑問視した。このことから、知識や真理の基準は存在すると主張する独断論(特にストア派の哲学)と大きな論争を繰り広げることになった(なお、ここで言う独断論の「独断」には、根拠のない自分勝手な判断という意味はないことに注意)。

懐疑にまつわるエトセトラ——訳者解説

健全な懐疑心は正確な観察の基本であるが、その「懐疑」がこうじて「不信」になると、故意の無視という態度を生むに至る。故意でないというのなら、「無能」ということになってしまう。

コナン・ドイル

本書は、Duncan Pritchard, *Scepticism: A Very Short Introduction*, Oxford University Press, 2019 の邦訳である。

わかりやすさで定評のある「Very Short Introduction」シリーズにふさわしく、本書は哲学の最重要問題の一つである「懐疑論」を簡単明瞭に解説する入門書となっている。ここでいう懐疑論とは差し当たり、一見盤石に思えた諸前提が実はそれほど盤石ではないことに気付かせる、いわゆるパラドクスの一種と理解してほしい。特に、誰しもが当たり前に思う知識、たとえば「いま訳者解説を読んでいる」といったあなたの知識が、いかに脆く崩れやすいものであるかを暴き出すような論証のことだ。しかし他方で、本書には入門書とは別の顔もある。それは、「懐疑論を取り込んだ生き方」についても果敢に論じていることである。「どう生きるべきか」という問いは、象牙の塔にこもりがちな哲学者だけでなく、いまこの世界を生きている私たち一人ひとりにとって無縁ではありえない。この点で、本書は自己啓蒙的な深みを持った一般書にも分類できるだろう。そこで、邦訳書として世に出す際には、哲学入門と自己の啓蒙という二つの側面を盛り込むことにした。原著にない、「パラドクスから生き方へ」という副題が本書に付いているのはそのためである。

本書は全四章から成る。第1章全体が懐疑論一般を理解するための導入だとすれば、第2章および第3章は「パラドクスとしての懐疑論」、第4章は「懐疑論を取り込んだ生き方」を扱うパートになっている。どの章も大変読みやすく、予備知識はまったく求められないので、本文にまだ目を通していないという方は、ぜひ第1章から順に読み進めてみてほしい（わざわざこう述べるのは、訳者自身もその一人なのだが、後ろの「あとがき」や「解説」から読む人が少なくないと予想するからである）。もしくは、この本がまずどういう本なのか手っ取り早く知りたいという方は、本書冒頭までページをめくって「日本語版への序文」だけでもざっと読んでみてほしい。このたった二ページの序文は、訳者が言うのも気が引けるが、本書に盛り込まれた一連のテーマを日本の読者向けに的確に表現した、見事なイントロダクションになっているはずだ。

この解説では、懐疑（論）にまつわるあれこれを訳者なりに考えながら、本書の内容の一部を概観していくことにする。だがその前に少し、原著者のダンカン・プリチャード氏がどんな人物か気になっている人も多いと思うので、簡単に紹介しておこう。

プリチャード氏は、現在カリフォルニア大学アーバイン校の教授を務めており、二〇〇〇年のデビュー論文以来、現代認識論を牽引してきたトップランナーの一人である（ちなみに認識論とは、人間が持つ知識の本性や起源、限界などを分析する哲学の一分野のことだ）。そんな氏のデビュー論文がまさしく懐疑論を扱うものだったというのだから、本書は一般向けでありながら、約二〇年に及ぶ研究活動の集大成という意味合いも持っている。また、プリチャード氏の他の追随を許さない多作ぶりは特に有名で、たとえば二〇二〇年から二二年までの直近三年間に発表した研究論文を見ると、その数は実に四〇本を超える（共著論文を除いて単著だけ見ても三〇本以上ある！）。氏とのメールのやり取りでうかがったところでは、多作の秘訣は「書くことにほぼ毎日没頭することで、自分が本当に考えていることを理解する」点にあるそうだが、それでも考えられないスピードで新しい理論を次々と生み出してきた氏の才気煥発ぶりには、ただただ驚くしかない（メールの返信も、私が知っているどの哲学者よりも速かったことを忘れずに付記しておく）。プリチャード氏のより詳しい来歴や研究内容、業績については、すでに出ている邦訳『知識とは何だろうか――認識論入門』（笠木雅史（訳）、勁草書房、二〇二二年）の訳者解説でバランスよく紹介されているので、そちらもぜひ参照されたい。ちなみに、本書には『マトリックス』や『インセプション』といったSFアクション映画が出てくるが、ご本人はホラー映画が好みだそうで、なかでも、イタリアの鬼才ダリオ・アルジェント監督がメガホンを握った一九七七年の映画『サスペリア』は、不気味さと甘美さに満ちた不朽の名作、とのことである。

懐疑論の三つの特徴

一見そうでないように見えるかもしれないが、この世界は実のところ、「懐疑論」——ここでは懐疑心や懐疑的な態度とほぼ同義のもの——で溢れている。だがそうなってしまうのは無理もないだろう。とかく私たちは懐疑する動物だからである。誰もいないはずの物置で突然カタンと音がすれば、他に誰かいるのではと不審に思ったり、幽霊の仕業かもと疑ったりする。あるいは、電車の遅延のせいで遅刻してしまったという友人の話をいったん信じても、声がガラガラだったり髪に寝癖がついたままだったりするのを見ると、嘘をついているのではないかと怪しむことがある。もし何かに対して懐疑することがまったくなかったとしたら、私たちの行動、ひいては社会のあり様はまったく違ったものになっていたはずだ。たとえば、家の鍵を閉めるといった防犯対策や、ログインするためのパスワード認証などという面倒を当たり前のように受け入れているのも、実際には「懐疑論」があるからだと言ってよい。「少しくらいは大丈夫だろう」という考えは、犯罪・迷惑行為をする者がもしかしたらどこかに潜んでいるかもしれないと考え始めると、途端に疑わしく見える。言うなれば安全神話に対する懐疑論こそが、人を防犯やセキュリティ対策へと駆り立ててきたのだ。

訳者が考えるところでは、懐疑論には少なくとも三つの特徴がある。一つは程度があることだ。世の中には、真っ二つに意見が分かれる事柄が無数にある。まことしやかにささやかれる都市伝説や迷信を、あなたも一つや二つは聞いたことがあるだろう。そんなバカな、とあなたが疑ってかかるようなことでも、一部の人々から見れば疑念を差し挟む余地すらない「真実」のように映っている。もっとも、ツチノコの存在を信じて疑わなかったり、血液型占いを真に受けるだけであれば、取り立てて騒ぐことではないかもしれない。切実な問題になってくるのは、疑うべきものを疑わず信じるべきものを信じないせいで、個人の行動や社会全体に悪影響が及ぶようなケースだ。一例として、とある民間療法の是非を考えてみるといい。巷には、標準治療にはない絶大な効果があると謳って、科学的根拠(エビデンス)がまるでないのに「治療」と称する行為が跋扈している。もちろん、あらゆる民間療法が例外なく懐疑すべき対象となるわけではないが、どこからどう見ても眉唾に思えるものも中には含まれているだろう。もし人がいかにも怪しい民間療法を信じ切ってしまい、標準治療に強い疑念を抱くに至ると、様々な弊害が生じることは容易に予想がつく。たとえば、十分に治療可能だったはずの病の進行を早めてしまい、場合によっては人命が奪われるといった取り返しのつかない事態になる。暗示や思い込みの力はたしかにバカにできないとはいえ、科学的根拠がまったくない治療法に何ら疑念を抱くことなくその身を委ねることは、ときに深刻な問題を引き起こすのである。

しかし、懐疑論がもっと切実な問題となるのは、程度だけでなくその範囲までも拡大するときだろう。こうした規模の大小こそが懐疑論の二つ目の特徴だ。たとえば、標準治療を疑ってかかる姿勢は、もっと大規模な懐疑論の入り口にすぎない。現在受けている治療の科学的根拠に強い疑念を抱くと、その懐疑の目は次第に、専門家や主治医にも向かうようになる。「真実に目覚めた」一部の人々はそこから、医学界や製薬会社の巨悪を暴いたと主張するかもしれない。いわく、現代医学の知見や承認薬が謳う効果はすべて嘘っぱちか捏造であり、その背後には多くの人がまだ気付いていない陰謀やメッセージが隠されている、というわけである。極め付きは、もはや医学や薬学に留まらない、科学全般に対する大規模な懐疑論だろう。ここまで行き着くと、どんな科学的根拠ももはや信用ならない虚妄に映り、科学者は専門家ではなく「科学信者」のように見えてしまう。事実、十分な科学的根拠がすでに確立されている主張を疑ってかかる言説は現在でも跡を絶たない。有名な例を挙げるだけでも、喫煙と肺がんの因果関係、ワクチン接種の有効性、マスクの感染予防効果、人為的な気候変動(人間の活動が主な原因の地球温暖化など)、果てには生物学的な進化論に至るまで、懐疑論が及ぶ範囲は様々である。★ もちろん、特定の科学的主張に対する懐疑論は、その他の科学的主張もすべて疑うような懐疑論を必ずしも導くわけではない。しかし、一つの科学的根拠を疑い始めると、その疑いと整合性を保つためには、往々にして他の科学的根拠にも疑惑の目を向けねばならなくなる。そうして懐疑の範囲を拡大させていき、科学全般を信じないようになると、懐疑論は現在の社会ばかりか未来の世代にも計り知れない弊害と混乱をもたらすはずだ。試しに、科学全般に対する大規模な懐疑論者が政治的な指導者になった結果、ワクチン接種計画が白紙撤回され、気候変動対策が一向に推進されず、進化論が異端審問さながらの取り締まり対象となったら、一体どんな未来が待っているかを考えてみるとよい。

★ 一つ補足しておくと、人為的な気候変動に対する懐疑論は、日本ではそれほど大きな勢力ではないが、アメリカでは根強い支持を集めている。その背景の一つには、アメリカ特有の党派性による影響があるかもしれない。現に、保守的な共和党員は気候変動対策に消極的な言動をとる傾向にあることがわかっている(Matthew J. Hornsey *et al.*, 'Meta-analyses of the Determinants and Outcomes of Belief in Climate Change', *Nature*

Climate Change 6, 622–26, 2016を参照)。もちろん他にも様々な背景・要因があるだろうが、何にせよこうしたアメリカに特殊な文脈を踏まえておけば、本書の中で人為的な気候変動に対する懐疑論がたびたび取り上げられている理由に納得いくはずだ。

それでは、懐疑論が持っている最後の特徴に移ろう。その特徴は懐疑の対象に関係する。これまでの例はどれも、特定の言説や他者の言動を疑うものだった。もちろんこれも懐疑論の一種ではあるが、外に向かうものばかりが懐疑論なのではない。内向き、つまり自己へと向かう懐疑論も当然のことながらありうる。実際、自分自身に対して疑いの目を向けることは多くの人にとってそう珍しくないだろう。「もしかして自分は勘違いしているのではないか」と自省したり、「さっき発言したことは決め付けに基づくものだったかもしれない」と振り返ることがそれである。もしこうした内向きの懐疑論を一切実践しようとしなかったら、偏見や先入観に凝り固まることはおそらく避けがたい。というのも、心理学において「確証バイアス」としてよく知られているように、私たちは自分に都合のいい情報だけを無意識に集め、信じたくないことはあまり信じようとしないきらいがあるからである。

たとえば、「女性は数学ができない」と考えている人がいるとしよう。もし彼が数学を得意としない女性ばかりを見てきてそう思ったのだとしたら、それは確証バイアスの産物である。数学が得意な女性や数学が苦手な非女性にも彼はたくさん出会ってきたはずなのに、そのことをまるで考慮していないからだ。こうした偏見・先入観を取り除く一つの方法は、「本当にそうなのか」と自分を疑い自問自答することだろう。自分が当たり前だと考えていることに疑問を呈することは、自らの一面的で独断的な考えを改めるのに役立つ。つまり他の事物ではなくほかならぬ自己に対する懐疑論は、自分の内面と向き合うこと、ひいては自分ではなかなか気付かなかった偏見や悪癖を戒めることへと繫がるのである。

以上が懐疑論ないしは懐疑心が持つ三つの特徴なのだが、訳者が見るところ、この三つを踏まえておくことは本書の豊かな内容をよりよく咀嚼するのに資するように思う。どういうことかと言えば、懐疑論をめぐる諸問題は、それぞれの特徴とその組み合わせ次第なのだ。順に見ていこう。

懐疑論を分類してみる

たとえば、一つ目の特徴で「強い」を選択し、かつ二つ目の特徴で「大規模」を選択した場合に出来上がるのは、物事に対して見境なしに強い疑念を持つような懐疑論である。これは本書では「過激で大規模な懐疑論(または単に過激な懐疑論)」と呼ばれている。過激な懐疑論の代表例は、科学全般をまったく信用しない懐疑論(および、あとで触れる過激な懐疑論的論証)だ。しかし先に見たように、この種の懐疑論は、適切な科学的根拠に基づいた定説を真剣に取り合わず、それどころか専門家や科学的知見をときに軽視するような態度をとる。特に過激な懐疑論者が政治的な主導権を握ってしまうと、社会の合意形成や政策決定プロセスがあらぬ方向へと歪められ、社会全体に有害な影響をもたらすことがある。本書ではっきりと描かれているわけではないが、科学全般に対する過激な懐疑論者に近い存在として真っ先に挙げるべきは、二〇一七年から二一年までアメリカ合衆国大統領だったドナルド・トランプかと思われる。トランプは、人為的な気候変動だけでなく、二〇二〇年から世界中に広がった新型コロナウイルスの脅威についても、当初から科学的根拠やデータに懐疑的だった。その結果、適切かつ迅速なパンデミック対策を講じなかったアメリカは、G7諸国では異例の死亡率を記録することになった。これはいわば「専門知」への懐疑や軽視が招いた悲劇の一つと言えるだろう。★

★ たとえばある科学者たちは、(二〇二一年二月初旬の時点で)アメリカで新型コロナウイルスの死亡率が高かった一因を、専門家の意見をないがしろにしてパンデミック対策をすぐに講じようとしなかったトランプ政権の国家戦略に見出している(Steffie Woolhandler *et al.*, 'Public Policy and Health in the Trump Era,' *Lancet* 397, 705–53, 2021を参照)。

他方、一つ目の特徴で「適度(中程度)」を選択し、かつ二つ目の特徴で「小規模」を選択した場合に出来上がる懐疑論もある。こちらは本書では「程度をわきまえた、健全で小規模な懐疑論(または単に健全な懐疑論)」と呼ばれている。健全な懐疑論を取り入れている例は、何をおいても科学的営みだろう。人は誰しも誤りうる。それは科学者とて例外ではなく、どのような科学理論であっても「絶対確実」はない。しかし、そこからただちに科学全般を疑ってかかる、過激で大規模な懐疑論へと向かうのではなく、目の前にある特定の理論が誤りであることを示す具体的な証拠がないか一つ一つ検証にかける姿勢(いわゆる反証可能性)こそ、科学のあるべき姿ではないだろうか。たとえば、先に見た例で考えてみよう。ある治療法がなぜ「標準」になったかと言えば、専門家が多くの臨床試験を実施した結果、安全性と有効性の両面でそれがその時点で最も信頼できるという合意に達したからである。もちろん、この合意も当然「絶対確実」ではない。だからこそ専門家は、「この治療法は本当に信頼できるか」と適度かつ小規模に疑い、日々検証に検証を重ねる必要がある。そして蓄積されたデータの結果次第では、標準治療を抜本的に見直す準備もあるだろう。つまり程度をわきまえた健全な懐疑論は、程度と規模の両面で極端に走らない、しかし検証という形で懐疑することを決して忘れない点で、科学の進歩になくてはならないのである。

過激な懐疑論と健全な懐疑論の区別を見たところで、その他の組み合わせにはどんなものがあるか考えてみよう。たとえば、一つ目の特徴で「懐疑ゼロ」、二つ目の特徴で「大規模」、そして三つ目の特徴で「外向き」を選択したとする。すると、どんな内容であっても他人の言うことに一切の疑念を持たない姿勢が生まれるはずだ。★ これは本書の言葉で言うと「簡単に騙されないための有効な自衛策」を欠いており、他人に付け込まれやすい姿勢ということになるが、「懐疑(論)」という言葉にいいイメージを持たない人からすれば、ひょっとするとそれほど悪くない姿勢に聞こえるかもしれない。たしかに、疑うことを知らないのはある意味では幸せなことだろう。騙すよりも騙される方がいいというのは処世術としてある程度理解できるし、他人を疑うことにかける労力は決してバカにならない(防犯やセキュリティ対策に私たちはどれほど時間と神経をすり減らしているだろうか)。しかし、他人に対する疑念や警戒心を一切持たず、その結果言われるがままに騙されっぱなしの人生が、果たして「よい人生」なのかと問われたら、多くの人は否と答えるだろう。子どもならいざ知らず、大人になっても他人の口車に簡単に乗ってしまう人は、少なくとも周囲の尊敬を集める人物とは言えない。まして、騙されやすい人生は苦労の絶えない人生でもある。したがって、外向きの懐疑論がまったく欠如した姿勢は、言うなれば無防備ないしはお人好しすぎるという点で、よい人生から程遠いのである。

★ 反対に、他の特徴は同じで、二つ目の特徴だけ「小規模」を選択すれば、特定の言説や一部の他者に疑念を抱かない姿勢が生まれる。これはおそらく「信頼」と呼んでよい姿勢ではないだろうか。有限な能力しか持たない私たちが大量の情報を迅速かつ効率的に処理するには、森羅万象を大規模に疑ってかかるのではなく、一定の検証や監視を省略する必要がある。たとえば、遊園地でジェットコースターに乗る際には、きちんと整備点検がされているかとか安全性はどの程度確保されているかといった心配事を頭から追いやって、ただ「信頼」して乗るのが一般的で効率的である。このように「信頼」を疑問を差し挟まない態度として理解する可能性については、C. Thi Nguyen, 'Trust as an Unquestioning Attitude', in T. Szabó Gendler *et al.* eds., *Oxford Studies in Epistemology*, vol. 7, OxfordUniversity Press, 2022 を参照。なお、「信頼」をもっと多角的な観点から知りたいという方は、小山虎(編著)『信頼を考える ―― リヴァイアサンから人工知能まで』、勁草書房、二〇一八年をぜひ手に取ってみてほしい。

では、二つ目の特徴は「大規模」のままに、今度は一つ目の特徴で「強い」、そして三つ目の特徴で「内向き」を選択してみると、どのような懐疑論が生まれるだろうか。おそらくそれは、自分自身に対して徹底的に疑念を向ける姿勢になるはずだが、その行き着く先にはいわば「自信の喪失」が待ち構えている。もちろん自分自身への懐疑論は、自らの偏見や決め付けに気付くきっかけを与えるという点では本来よいことである。しかしこの疑念があまりにも行きすぎてしまうと、自分の能力やこれまでの成果まで疑問視することになり、どうしても自分に自信や誇りを持てなくなってしまうだろう。騙されっぱなしの人生がよい人生ではなかったように、自信を欠いた人生も決してよい人生とは言えないはずだ。実際、「インポスター症候群」と呼ばれる、自分の能力や実力を過小評価し、自分自身を肯定できない(自分は運がよかったから成功しただけだと思ってしまう)心理的傾向の背景には、内向きの過剰な懐疑論が働いているように見える。逆に言うと、この厄介な傾向を克服する一つの鍵は、自己へと向かう過剰な疑念を控えるよう訓練することにあるのかもしれない。結局のところ、自己に対して疑念をまったく抱かないのはよくないが、かといって自己に対して疑念を抱きすぎるのもよくないのだ。だとすると、外向きだけでなく内向きにとっても、程度をわきまえた健全な懐疑論こそがより望ましい生き方、つまりはよりよい人生に繋がるのではないだろうか。

なぜ健全な懐疑論と過激な懐疑論を区別することは重要なのか

以上からわかるように、「懐疑論」と一口に言っても、そこには様々な形態がある。だが最も大事なポイントは、懐疑論には望ましいものとそうでないものがある、ということだ。望ましいのは程度をわきまえた健全で小規模な懐疑論であるのに対して、明らかに望ましくないのは過激で大規模な懐疑論である。つまり両者は、程度と規模が異なるだけであるにもかかわらず、似て非なるものなのである。たとえば、科学との関係性という観点からみると、過激な懐疑論は科学全般を否定しかねないが、健全な懐疑論はむしろ科学の原動力となる姿勢と結び付いている。この違いは、社会全体に対してまるで正反対の影響を及ぼすはずだ。

他にも、両者は生き方に取り入れた場合にも違いが出るだろう。過激な懐疑論に基づく人生は、自分自身に対しても強い疑念を抱いてしまうために、自信を喪失したものとなる。先述の通り、これは決して望ましいものではない。また、科学全般を疑ってかかる姿勢を実践しようとしても、本当にその姿勢を首尾一貫してとることができるのか疑問符が付く。「どんな科学も嘘っぱちだ。科学者の言うことなんて信じるな！」と声高に叫ぶ懐疑論者が、その舌の根も乾かぬうちに「病で苦しんでいる娘には、ちゃんとした臨床データと実績のある治療を受けさせてあげたい」と言い出したとしたら、あまりにもご都合主義的で二枚舌甚だしい。人里離れた場所で原始的なライフスタイルに切り替えるならまだしも、そうでないのなら、科学全般を疑うほど過激な懐疑論的姿勢を貫徹するのは現代では極めて困難だろう。それくらい、科学はいまや私たちの身近な生活の基盤となっている。まして、懐疑の規模を科学全般からあらゆる事柄へと拡大させた、もっと大規模で過激な懐疑論に基づく人生となると、首尾一貫性どころか、そもそも生きるに値するかどうかすら怪しくなるはずだ。科学全般や自分自身に留まらず、文字通りありとあらゆることを見境なく疑った先にあるのは、いわゆるニヒリズム（虚無主義）である。極端に言えば、目に映るすべてのものは所詮夢かもしれないと徹底的に疑えてしまうのに、どうして自分の人生を懸命に生きようと思うだろうか。生き方の指針として極端に過激な懐疑論を取り入れた果てには、人生の無意味さという問題に直面する羽目になるというわけだ。

これに対し、健全で小規模な懐疑論に基づく生き方は、自信を喪失するわけでも、二枚舌になるわけでも、人生が無意味になるわけでもない。さらに、懐疑論がまったく機能不全に陥って騙されやすい人生になるわけでもない。むしろ健全な懐疑論を心掛けることは、この解説のエピグラフで示されている通り、「不信」と「無能」の間隙を縫うような「正確な観察の基本」★であって、よりよい人生を歩んでいくためには必須なのである。したがって、過激な懐疑論と健全な懐疑論の違いを適切に見極めることは、社会のあり方だけでなく個人の生き方としてもとても重要だ。本書の至るところで繰り返されている通り、この区別の重要性は強調してもしすぎることはないだろう。

★ コナン・ドイル『コナン・ドイルの心霊学』、近藤千雄(訳)、潮文社、二〇〇七年、一七九ページ。かの名探偵シャーロック・ホームズを生み出した作者らしい言葉だが、健全な懐疑心の重要性を説くこのドイルの言葉は、科学と折り合いがつかないスピリチュアリズム(心霊現象や自動筆記、超常現象などを信じる立場)を受け入れるしかないという結論に導くためだったという事実は——原著が書かれたのが二〇世紀前半という時代背景もあるとはいえ——何とも皮肉なことだ。

そもそも過激な懐疑論は可能か

もちろん、本書の中身は上記の論点だけに尽きるのではない。たとえば、健全と過激の違いが理解できたとしても、そもそも過激な懐疑論は理屈の上であったとしても成立可能なのだろうかと思う人がいるかもしれない。科学全般を疑うだけで済むのならまだわからないではないものの、人生を無意味にしかねないくらいもっと極端で過激な懐疑論は、理屈だけ取り出してもちょっと想像するのが難しい。しかし結論から言えば、過激な懐疑論は十分成立可能である。いや、正確には「ある哲学的論証のせいで、過激な懐疑論的結論が導かれてしまう」と言うべきかもしれない。この点だけ簡単に確認しておこう。

突然だが、あなたは宇宙にいくつの惑星があるかご存じだろうか。まあ、日常生活で用いる数の単位では追いつかないぐらい多いことは簡単に予想がつく。だがその正確な数までは誰も知らないし、今後もわかりそうにない。他方で、太陽系の惑星の数であれば、教科書やテレビなどを通じてあなたも知っているはずだ。その数はご存じの通り八つである。つまり、あなたは太陽系の惑星の数が八つであることを知っていると言える。では、今度は次のように問おう。あなたは現在、自分が身体を持っていることを知っているだろうか。バカな質問を、と思われるかもしれないが、真面目に考えてみてほしい。おそらくあなたは「当然知っている」と答えるだろう。「ほら、ここにある身体が見えないのか」とか、「電柱に向かって進むとぶつかる。何かにぶつかるということは身体があるということだ」とか、「もし身体を持ってなかったとしたら、毎年受ける健康診断はじゃあ何なんだ」などといった様々な理由を挙げることができる。「答えるまでもない」と一蹴することも可能かもしれない。

しかし、身体を持っていない可能性をより具体的に考え始めると、どこか心許ない気がしてくる。誰もが一度は、「この現実はすべて夢かもしれない」と考えたことがあるはずだ。もしすべてが夢だったとしたら、あなたが現在身体を持っていることを保証してくれるものは――少なくとも理屈の上では――何もない。現実のあなたは単なる「夢見る脳」で、身体など持っていないかもしれないからである。もちろん、そんなSFめいた可能性はまずありそうにない。夢にはたいてい、どこか綻びや矛盾点があって、夢の中に長くいればおかしいと気付く。しかし、もしあなたの見ている夢が現実さながらのこれ以上ないリアルなもので、夢だと気付きようもないものだとしたらどうだろう。この可能性はもっとありそうにないが、映画や小説、アニメの設定でありふれているように、決して不可能というわけではない。もしこのことを認めると、あなたはもはや、ここに自分の身体があることに自信を持てなくなるはずだ。なぜなら、自分の身体が見えるとか、電柱にぶつかるとか、健康診断を受けるといった先の理由はすべて、大変リアルな夢の中のワンシーンにすぎないので、本当に身体を持っていることの証拠にならないからである。つまり、「すべては夢かもしれない」というSF的な仮説を真剣に考え始めてみると、自分が「夢見る脳」にすぎない可能性を否定するのが極めて困難で、その結果「自分は身体を持たないかもしれない」と疑念を抱くようになるのだ。

さらに、身体どころか、家族や友人の存在、それに太陽系の惑星や広い宇宙の存在までもが、夢の産物である可能性も否定できない。あなたは狭い空間でたった一人、永く儚い夢を見ているだけの孤独な存在かもしれないからだ。だとしたら、あなたは一体この世界について何を知っているというのか。もっと直接的にはこう言ってもよい——あなたは多くのことを知ったつもりになっていただけで、ひょっとして何も知らないのではないか。そうして過激で大規模な懐疑論は、否定しがたい理屈を携えながら、あなたのもとに忍び寄ってくる。

いま問題になっている懐疑論で注意すべきは、その標的が「知識」であることだ。換言すれば、この過激な懐疑論が問いかけているのは、「ここに自分の身体がある」といった客観的な事実が成立しているかどうかではなく、「ここに自分の身体があると知っている」というあなたの知識が本当に成立しているかどうかである。すると、知識とはそもそも何か、そして過激な懐疑論はあなたが持っている知識のどのような点を揺さぶろうとしているのか、という疑問が湧いてくるだろう。こうした点については、本書の第1章と第2章を参照してほしい。特に第2章では、過激な懐疑論的論証という、哲学的なパラドクスを提起する極めて強力な論証が登場し、身近な知識がいかに脆く崩れやすいものであるかが明らかとなる。なお付言しておくと、前段落のSF的な可能性に焦点を当てるだけでは、「論証」の形にならないことには注意しておこう(ちゃんとした論証にするには、第2章後半に登場する「閉包原理」と呼ばれる橋渡し役が必要になる)。

「謙虚である」とはどんなことか

あと一点だけ、本書の興味深い論点を補足しておきたい。それは、生き方、とりわけ自信の持ち方に関わる。先に見たように、自信に満ちた人生は自信がまるでない人生よりも基本的によいものだ。実際、「自信を持って堂々と」という言葉は多くの場合、プラスの意味で用いられている。ところが、自信があることは一歩間違えると、自惚れや高慢と呼ばれるような、あまり望ましくないものになる。例として、民主主義と権威主義をめぐる論争を考えよう。大学で政治学の授業に出席していたアミさんは、この論争に興味を持ち、日本やアメリカなど多くの国で採用されている民主主義は本当に望ましい政治体制と言えるのか、自分でも詳しく調べてみることにした。それから数年にも及ぶ歴史・文献調査、そして綿密な考察と議論を行なった結果、アミさんは絶対的な自信とともに一つの結論に辿り着いた。その結論とは、「権威主義と比べれば、民主主義の方がよりよい政治体制だ」というものである。その一方で、同じ授業に出席していたユミさんも似たような問題意識に駆られたとする。アミさん同様、ユミさんは、中国やロシアなどの権威主義的とされる国々について詳しい調査と考察を重ねたが、彼女が最終的に達した結論はアミさんとは真逆のものだった。すなわち、「民主主義と比べれば、権威主義の方がよりよい政治体制だ」というのがユミさんの見解である。

もちろん、ここまでは「意見の衝突」として別に珍しくないだろう（まして政治的テーマなら「あるある」だ）。問題は、アミさんが自分の政治的意見に固執するあまり、ユミさんが唱える見解にちっとも耳を傾けようとしなかった場合に生じる。言い換えれば、長年の研究から自分の意見の正しさに強い自信とこだわりを持っているアミさんは、異論など受け付ける必要はないと考えるようになり、ユミさんの「民主主義には致命的な欠点がある」とか「権威主義の方が優れていることを示す証拠やデータがある」といった主張をシャットアウトするようになる。では、アミさんのこうした態度は果たして望ましいものと言えるだろうか。多くの人がおそらく同意してくれると思うが、あまり望ましくないはずだ。というのも、自分が辿り着いた結論に固執するあまりアミさんは排他的で自惚れた態度に陥っているからである。少なくともアミさんは、自分の意見にかなりの自信があるとはいえ、ユミさんの見解とその根拠にも耳を傾けてみて、言うなれば「知的に謙虚になる」べきではないだろうか。こうした歩み寄りの姿勢は、建設的な議論を行なうことに繋がり、ひいては双方がよりよい理解に到達するための第一歩となるだろう。

しかし、ここで問題になる「（知的な）謙虚さ」には、少し立ち止まって考えておくべきことがいくつかある。第一に、これはあなたも聞いたことがあると思うが、本当に謙虚な人は自分のことを謙虚などとは言わない。たとえば、自説に対して異論が出ていることを知って「ええ、反対意見も聞いてあげますよ。なぜって私は謙虚ですからね！」と述べる人は本当に謙虚なのだろうか。自分のことを謙虚だと自称する人はたいてい謙虚ではないし（むしろ横柄で自惚れているようにも見える）、そもそも謙虚な人は、自分の謙虚さを他人にわざわざひけらかしたりしないものだ。もっと言えば、謙虚さ溢れる言動ができているのに、自分のことを謙虚とはまったく自覚していない人こそ、真に謙虚である可能性すらある。つまり、「私ってほんと謙虚だなあ」と考えてしまった時点で、どこか謙虚さから遠ざかっているような気がするのだ。

これと関連して第二に、知的な謙虚さとはそもそもどのようなものだろうか、という疑問が出てくる。実は、知的な謙虚さを正確に定義するのはとても難しい（いや、哲学者に言わせれば、定義が難しくないものを探す方が難しいのだが）。一つの案として、たとえば自分のおっちょこちょいなところを「弱点」としてきちんと受け止め、自分が持っている能力の限界を自覚することは、謙虚さの定義としてどうだろうか。忘れ物が多く、つい早とちりしてしまうこと自体はあまり喜ばしくないが、そうした弱点を自分の弱点だときちんと認識できることは基本的によいことで、たしかに謙虚さの本質を突いているような気がする。他方で、謙虚とはそういった積極的なものではなく、前段落で見たような「〜しない」という形式の消極的なものであるような気もする。つまり、仮に高い能力や素晴らしい実績を持っていたとしても、自分のそういった優れた部分を過度に振り返ったりひけらかしたりしないことこそが謙虚さの正体、と考えられないだろうか。

実際、自分の能力はこうだとか、これまでの実績はどうだとかをしょっちゅう気にかける人は、謙虚どころか自意識過剰に陥りやすい観がある。他にも、知的な謙虚さは、卑屈さや無欲さ、気品、自制心などとどのような点で、似ていたり違っていたりするのだろうか。あるいは、謙虚でありながら独善的で思い込みが激しいというのはありえるのだろうか。こうした一連の疑問は社会の中で暮らしていれば当然出てくる身近なものだが、誰しも納得する明確な答えを用意するのは至難の業だ。このことからして、知的な謙虚さをどのように理解するかという問題が現在、哲学とその周辺領域(心理学や教育学など)で盛んに議論されていることには何の不思議もないと言えるだろう。★

★ 謙虚さの輪郭は、いっそ「実験」してみることでよりはっきりとする可能性がある。たとえば、ある研究者たちは、研究対象者を知的な謙虚さを持っているグループと持っていないグループに分けて、彼らが他人や集団に対してどのような偏見を持っているかを調査した。すると興味深いことに、知的な謙虚さを持っている人はそうでない人に比べて偏見が少ないかと言われると、必ずしもそうではない――むしろ逆の可能性すらある――ことがわかったのである(Matteo Colombo *et al.*, 'Intellectually Humble, but Prejudiced People: A Paradox of Intellectual Virtue,' *Review of Philosophy and Psychology* 12, 353-71, 2021 を参照)。このように謙虚さの正体を摑む一つのヒントは、実験心理学的な調査にあるのかもしれない。

そして、知的な謙虚さについて考えておくべき最後の点は、やはり先に触れた「自信」との関係性である。先述のアミさんのように、自分が導き出した結論に自信を持つこと自体は本来よいことなのだが、そうした自信に満ちたやり方を貫き通そうとすると、自説にこだわるあまり他人の話に耳を貸さず、高慢で排他的になってしまう。いくら自信があるとはいえ他人のまっとうな意見を軽んじたり無視したりするのは謙虚さから程遠く、あまり褒められたものではない。かといって謙虚さをモットーにして控えめな態度を徹底すると、今度は他人の意見ばかりを聞き入れ、自分の意見に自信を持てなくなってしまうかもしれない。日本人にありがちと言えるが、謙虚になればなるほど、一歩前に出る勇気が出なくなり、次第に自分の信条を貫き通すのが難しくなってしまうのである。するとどうだろう、自信と謙虚さは本来的に相容れないのではないか、という懸念が浮かび上がってくる。自信を強く持つと謙虚でなくなり、謙虚さを強く持つと自信を持てない。こうした、あちらを立てればこちらが立たずの状態は、実のところ哲学者の間でずっと昔から注目されてきた問題だった。たとえば、一八世紀スコットランドを生きた哲学者デイヴィッド・ヒュームは、「誇りを持ちながら、それでいて謙虚になることなど不可能である」★とまで述べている。

★ David Hume, *A Treatise of Human Nature*, D. F. Norton and M. J. Norton eds., Oxford University Press, 2000, 2.1.2.3. 他の著作でヒュームは、謙虚ないしは謙遜を(禁欲や断食などと並べて)「修道僧じみた徳」と呼び、悪徳の一つとして槍玉に挙げる。これに対し、本書の原著者を含むカリフォルニア大学アーバイン校の教育者たちは、知的な謙虚さを(好奇心や知的な粘り強さなどと並べて)「アリクイの徳」として積極的に評価し、大学の教育改革の一環としてカリキュラムに組み込む試みを行なっている。この試みが実際の大学教育にどのような効果をもたらしているかを実証的に調査したものとしては、Gabe A. Orona and Duncan Pritchard, 'Inculcating Curiosity: Pilot Results of an Online Module to Enhance Undergraduate Intellectual Virtue', *Assessment & Evaluation in Higher Education* 47, 375–89, 2022 を参照。

とはいえ結局のところ、自信と謙虚さが本当に両立しないかは、両者をどう捉えるかによって大きく変わってくるはずだ。たしかに謙虚さと卑屈さを同一視したら、ヒュームの言う通り、卑屈になりながら自分に自信や誇りを持ち続けることなどできそうにない。卑屈になる（ないしは謙遜する）とは、自分の価値や実力を実際よりも低く見積もることにほかならないからである。★しかし、謙虚さをもっと違った形で捉えてやれば、自信と謙虚さの双方を絶妙なバランスで維持できるのではないだろうか。では、自分の意見に自信を持ち続けることと衝突しない知的な謙虚さとは、具体的にどのようなものなのか。その一つの答えを知りたいと思った方は、ぜひ本書の第4章をのぞいてみてほしい。この箇所は、本書のハイライトであると同時に白眉である。

★ 再びコナン・ドイルから引用すると、以下は謙遜についてドイルが名探偵ホームズに語らせている印象的な言葉である。「ワトスン君、僕は謙遜を美徳の一つに数える人には同意できないね。論理家は、すべての物事をあるがままに見なければならない。自分の価値を法外にひくく見積るのは、自分の力を誇張するのとおなじに、はなはだ事実に即さない」（「ギリシャ語通訳」、コナン・ドイル『シャーロック・ホームズの思い出』所収、延原謙（訳）、新潮文庫、一九五三年、二七七―二七八ページ）。

ここまでに挙げた論点以外にも、本書には数多くのキーワードが登場する。例を挙げれば、真理の相対主義、誤りうること（可謬性）、ウィトゲンシュタインの蝶番、知的な徳、ピュロン派懐疑論といった具合だ。しかし解説めいた話はこのあたりで切り上げることにしよう。代わりと言ってはなんだが、本書を通読した方や解説をここまで読まれた方は、ぜひ今一度、本書冒頭に立ち戻って「日本語版への序文」を読まれることをお勧めする。本書の問題意識や内容を一通り頭に入れた上で読めば、おそらく最初に読んだときとは違った味わいと深みが感じられるのではないかと思う。

翻訳の方針と謝辞

ここからは「訳者あとがき」に相当する。個人的な謝辞へと向かう前に、訳出する上でとった方針についていくつか断っておきたい。

まず、本書に幾度となく登場する'scepticism'という英単語について。この語は文脈によって「懐疑」や「懐疑心」などと訳し分けることができるが、基本的に「懐疑論」という訳語で統一した。理由はいくつかあるが、本書の柱となるキーワードが一つに定まっていないと、一冊の書物としての統一感が損なわれるのではないかと危惧したからである。第1章のまさに冒頭で「懐疑論とは何か」の説明がしっかりとなされているので、普段あまり聞き慣れない言葉であっても読者の方々を置いてきぼりにすることはないだろう、と判断できたのも大きい。なお、「懐疑論」という語にこだわって「懐疑主義」としなかったのは、「特定の立場やスタンス」という意味合いをそこに込めたくなかったからである。この点について気になる方は、本書六五ページ以降をご覧いただきたい。

続いて、第4章に登場する'conviction'という英単語について。この解説でもすでに使用しているように、この語には直訳である「確信」ではなく「自信」という訳語をあてている。あえてそうした理由は、信じて疑わないという(断定にも似た)強いニュアンスを避けながらも、自己不信に陥ることがないというポジティブな側面を強調したかったからである。たとえば、適切な根拠のもとで自分の意見を固く持っているときに、わずかな異論や反論に遭遇する場面を考えよう。こうしたときでも、自分の意見を「確信」し続けられる人はそれほどいないだろう。それに、よりよい人生に確信が必要かと問われたら、多くの人はきっと首を傾げるに違いない。ところが、これを「自信」に変えると事情が少し異なるのではないだろうか。きちんとした根拠をせっかく持っているのに、ちょっとしたことで自分の意見に対する自信が揺らいでしまうのは、あまり望ましいことではない。実際、自分の考えに自信を持てず、いまの自分に迷いや疑いを感じながら生きるのは、よりよい生き方から程遠いはずだ。こういった、よりよい人生や生き方との繋がりという本書独特の文脈を踏まえると、「確信」よりも「自信」の方が'conviction'の日本語訳としてしっくりくるのではないか、と考えた。他の訳語候補として「信念」も検討したが、哲学や心理学の術語'belief'の訳語としてすでに定着し、本書でも少なからず登場している語と重複するのはよくないと判断し、断念せざるをえなかった。とはいうものの、もっとピタリとはまる訳語があった可能性は捨てきれず、「自信」が最善の訳語だとは確信できない。読者の皆様のご叱正を乞う次第である。

次に、小見出しとゴシックについて。本書には、原著にある大きな見出しとは別に、新たに小見出しを追加している。また、原著のイタリックによる強調は本書では傍点による強調に置き換えているが、それとは別に、訳者が重要だと思った箇所はゴシックで強調している。どちらも、原著者のプリチャード氏に確認をとり許可をいただいた上で採用した工夫なのだが、これによって本書の議論が多少なりとも追いやすくなったとすれば、翻訳者として大変うれしく思う(もちろん、逆効果になっている可能性も十分あるのだが)。

それから、訳文全体と訳注について。訳文の作成にあたっては、原文を意識せずに済むよう、全体を通して自然で平易な日本語を心掛けたが、その過程でどうしても「意訳」せざるをえない箇所に少なからず遭遇した。その場合には、原文から過度に逸脱しないよう注意しながら、日本語としてのリズムや語感、読みやすさを優先することにした。具体的には、原文のやや冗長な表現を削ったり、必要な語もしくは記号(鍵括弧や丸括弧など)を追加したりした。それでもなお、一人で読みこなすにはやや難しかったり、予備知識があればもっとわかりやすくなる箇所は——どんな本であっても——必ず出てくる。そこで本書では、特に初学者や一般読者の方々向けの措置として、訳注を適宜設けることにした。たとえば、新しい哲学者名が登場する箇所や複雑な議論を展開している箇所には、(ときに長い)訳注をつけている。もちろん、「ありがた迷惑」という声もあるとは思うので、これについては読者各位のご寛恕を乞う次第ではあるが、様々な魅力が詰まった本書を読み進めていく一助となれば幸いである。

最後になってしまったが、本書の出版に至るまでにお世話になった方々に感謝申し上げたい。なによりもまず、岩波書店編集部の松本佳代子さんには、二〇二一年初頭に始まったこの翻訳企画の最初から最後までお世話になりっぱなしで、もはやなんとお礼申し上げてよいのかわからないほどである。なかでも、初めて作った訳稿に付けていただいた、各方面への配慮に満ちたコメントは、翻訳の方針を全面的に見直し、「どのあたりが多くの人にとって難しいか」を強く意識するきっかけとなった。原著の格調高い美文が少しでもわかりやすい日本語になっているとすれば、それはほかならぬ松本さんの多大なお力添えがあったおかげである。

企画の初期には、長年の師である柏端達也先生に様々な面でお世話になった。また、一部の訳注を作る際には、日本で指折りのデカルト研究者である田村歩さんに確認してもらい、貴重な助言をいただいた。さらに、プリチャード氏には、「日本人の国民性は謙虚さにあると言われるが、これについて何かメッセージをもらえないか」(大意)という訳者のとんだ無茶ぶりをご快諾いただき、依頼からわずかな時間(なんと三日!)で素敵な序文を寄せていただいた。その他、ある日から突然、訳稿を読まされる羽目になった、哲学科出身の友人たち(杉野雄飛さんと田中悠気さん)、そして妻のまなびには、一般読者という目線から言いたい放題、もとい大変有意義な感想をもらった。

本書に残っている誤訳や誤解は、言うまでもなくひとつ残らず訳者の責任であるが、以上の方々の支えを得られたことは、訳者にとって掛け値なしにありがたいことだった。ここに記して、お世話になった方々に厚くお礼申し上げる。そして願わくは、本書を手に取った皆様に哲学の楽しさが伝わらんことを。

二〇二二年一二月

横路佳幸

索　引

Scepticism 巻末に収録された索引を元に，日本語版索引として作成した．それぞれの項目に続けて，理解に資すると考えられるページ数をあげる．〔　〕で示した言葉を含むページ数も当該の項目には記した．

あ行

か行

さ　行

た　行

な　行

は　行

ま　行

や・ら行

文献と読書案内

第1章　懐疑論とは何か

認識論の入門書としては，次の拙著を参照されたい．

- Duncan Pritchard, *What is This Thing Called Knowledge?*, 4th edn., Routledge, 2018.（ダンカン・プリチャード『知識とは何だろうか——認識論入門』，笠木雅史（訳），勁草書房，2022年）

この拙著は予備知識が不要の初学者向けの教科書になっているが，収録されている第1章および第18-20章は，本書の第1章で取り上げた問題と密接に関連している．その他の入門書としては，次も手に取ってみてほしい．

- Jennifer Nagel, *Knowledge: A Very Short Introduction*, Oxford University Press, 2014.

認識論をもう少し踏み込んで学んでみたいという方は，次の拙著へと進むことをおすすめする．

- Duncan Pritchard, *Epistemology*, Palgrave Macmillan, 2016.

懐疑論（懐疑主義）という問題やその歴史を扱っている読みやすい入門書としては，次の2冊にあたってみるといいだろう．

- Neil Gascoigne, *Scepticism*, Acumen, 2002.
- Allan Hazlett, *A Critical Introduction to Scepticism*, Bloomsbury, 2014.

真理をめぐる諸問題，特に真理の相対主義がはらむ危険性を論じる入門書としては，次が特に優れている．

- Simon Blackburn, *Truth: A Guide*, Oxford University Press, 2007.

また，次の2冊もぜひ参照されたい．

- Michael Lynch, *True to Life: Why Truth Matters*, MIT Press, 2005.
- Paul Boghossian, *Fear of Knowledge: Against Relativism and Constructivism*, Oxford University Press, 2007.（ポール・ボゴシアン『知への恐れ——相対主義と構築主義に抗して』，飯泉佑介・斎藤幸平・山名諒（訳），堀之内出版，2021年）

これと関連して，物事の真偽なんてまったくお構いなしといった態度がある．これは「ウンコな議論(デタラメ)」と呼ばれているが，それがもたらす脅威を一連の著作の中で鋭く指摘してきたのは，アメリカの哲学者ハリー・フランクファートである．次の本は読者の方々にとってきっと有用だろう．

- Harry G. Frankfurt, *On Bullshit*, Princeton University Press, 2005.（ハリー・G・フランクファート『ウンコな議論』，山形浩生(訳)，ちくま学芸文庫，2016 年）

真理に限定されない相対主義一般をめぐる哲学研究を概観するには，次の記事が参考となる．

- Maria Baghramian and Adam Carter, ‘Relativism’, in *The Stanford Encyclopedia of Philosophy*, ed. E. Zalta (https://plato.stanford.edu/entries/relativism/).

科学の利用と濫用，そして科学的方法の重要性については，次の本で詳細かつ巧みに説明されている．

- Ben Goldacre, *Bad Science*, Fourth Estate, 2008.（ベン・ゴールドエイカー『デタラメ健康科学――代替療法・製薬産業・メディアのウソ』，梶山あゆみ(訳)，河出書房新社，2011 年）

誤りうること(可謬性)とその認識論上の影響を研究した重要文献としては，次の記事を読んでみるとよいだろう．

- Stephen Hetherington, ‘Fallibilism’, in *The Internet Encyclopedia of Philosophy*, ed. J. Fieser and B. Dowden (https://www.iep.utm.edu/fallibil/).

また，確実性と認識論の関係性については，次の記事も参考となる．

- Baron Reed, ‘Certainty’, in *The Stanford Encyclopedia of Philosophy*, ed. E. Zalta (https://plato.stanford.edu/entries/certainty/).

認識的理由とその重要性については，次の記事を参照されたい．

- Kurt Sylvan, ‘Reasons in Epistemology’, in *Oxford Bibliographies: Philosophy*, ed. D. H. Pritchard (DOI: 10.1093/OBO/9780195396577-0183).

認識論では，より実践的なテーマも取り扱われている．たとえば，陰謀論はどうすれば見抜けるかとか，どの「専門家」が信頼に値するかをどう判断す

るべきかといった問題だ．こうした問題については，次の２つが参考となる．

- David Coady, *What to Believe Now: Applying Epistemology to Contemporary Issues*, Wiley-Blackwell, 2012.
- David Coady and James Chase ed., *The Routledge Handbook to Applied Epistemology*, Routledge, 2018.

先に紹介した拙著 *What is This Thing Called Knowledge?* でも，多岐にわたる「応用」認識論的テーマを盛り込んでおいた．例を挙げると，教育，政治，法律，テクノロジーといったテーマが認識論とどう関係するかを初学者向けに説明している．また，懐疑論と認識論，そして政治的な観点を総合的に取り込んだ現代の名著としては，次をおすすめしておきたい．

- Michael Lynch, *In Praise of Reason*, MIT Press, 2012.

人生の不条理さについては，次の文献が古典としてよく知られている．

- Thomas Nagel, 'The Absurd', *Journal of Philosophy* 68, 716–27, 1971.（「人生の無意味さ」，トマス・ネーゲル『コウモリであるとはどのようなことか』所収，永井均(訳)，勁草書房，1989 年）

不条理さについての実存主義的な見解がどんなものか気になる方は，フランスの小説家アルベール・カミュによる次の短い随筆を読んでみるといいだろう．

- Albert Camus, 'The Myth of Sisyphus', 1942.（カミュ「シーシュポスの神話」，『シーシュポスの神話』所収，清水徹(訳)，新潮社，2006 年）

この随筆にはいくつかの翻訳があるが，次の１冊は(ジャスティン・オブライエンによる)特に優れた英訳を収録した論集になっている．

- Albert Camus, *The Myth of Sisyphus and Other Essays*, Vintage, 1991.

人生の不条理さと認識論の関係，特に過激な懐疑論との関係については，次の拙論を参照されたい．

- Duncan Pritchard, 'Absurdity, Angst and The Meaning of Life', *Monist* 93, 3–16, 2010.

第２章　知識はありえないのか

過激な懐疑論が提起する問題をわかりやすく解説する入門書としては，先に挙げた拙著 *Epistemology* の特に第６章を読んでみるといいだろう．過激な懐疑論について論じた文献を網羅的に紹介しているものとしては，次の記事が挙げられる．

- Peter Klein, 'Skepticism', in *The Stanford Encyclopedia of Philosophy*, ed. E. Zalta (https://plato.stanford.edu/entries/skepticism/).

デカルトの主著は『省察』だが，幸いこれには，ジョン・コッティンガムによる次の素晴らしい翻訳がある．

- René Descartes, *Meditations on First Philosophy*, trans. J. Cottingham, Cambridge University Press, 1996.（ルネ・デカルト『省察』，山田弘明(訳)，ちくま学芸文庫，2006年）

次の本は，デカルトの懐疑論を詳しく分析した古典の１冊として名高い．

- Bernard Williams, *Descartes: The Project of Pure Enquiry*, Penguin, 1978.

また，次もぜひ参照されたい．

- Steven Luper, 'Cartesian Skepticism', in *The Routledge Companion to Epistemology*, ed. S. Bernecker and D. H. Pritchard, 414-24, Routledge, 2010.

デカルトの認識論全般をめぐっては，少々厄介な議論がある．これについては，次の論文を参照のこと．

- Stephen Gaukroger, 'René Descartes', in *The Routledge Companion to Epistemology*, ed. S. Bernecker and D. H. Pritchard, 678-86, Routledge, 2010.

本章半ばで「ニューヨークの医者」という比喩を用いたが，これは次の本の第２章から拝借したものである．

- Barry Stroud, *The Significance of Philosophical Scepticism*, Oxford University Press, 1984.（バリー・ストラウド『君はいま夢を見ていないとどうして言えるのか――哲学的懐疑論の意義』，永井均(監訳)，春秋社，2006年）

この本は懐疑論の歴史を踏まえつつ，デカルトの懐疑論が説得力あるものだと示そうとした著名な１冊である．気になる方はぜひ手に取ってみてほしい．他に，懐疑論の歴史に関する論文を集めたものとしては，次の論集がある．

- Richard Popkin and J. R. Maia Neto ed., *Skepticism: An Anthology*, Prometheus Books, 2007.

懐疑論を主題的に論じた現代の重要文献を知りたいという方には，便利な解説付きの次の論集がおすすめだ．

- Keith DeRose and Ted Warfield ed., *Skepticism: A Contemporary Reader*, Oxford University Press, 1999.

次の論集も，懐疑論とその歴史の重要文献をバランスよく集めたものになっている．

- Diego Machuca and Baron Reed ed., *Skepticism: From Antiquity to the Present*, Bloomsbury, 2018.

懐疑論的論証がどんな構造を持っているかをより深く知りたければ，過激な懐疑論に焦点を絞って論じた次の拙著第１部を読んでみてほしい．

- Duncan Pritchard, *Epistemic Angst: Radical Skepticism and the Groundlessness of Our Believing*, Princeton University Press, 2015.

懐疑論的論証で登場する閉包原理については，次の２つの記事を読めば理解が深まるだろう．

- Steven Luper, 'Epistemic Closure', in *The Stanford Encyclopedia of Philosophy*, ed. E. Zalta (https://plato.stanford.edu/entries/closure-epistemic/).
- John Collins, 'Epistemic Closure Principles', in *The Internet Encyclopedia of Philosophy*, ed. J. Fieser and B. Dowden (https://www.iep.utm.edu/epis-clo/).

閉包原理を拒否すると，どこか支離滅裂な文が生まれてしまう．たとえば，「私は自分が２本の手を持っていると知っているが，手を持たない水槽の中の脳(BIV)ではないとは知らない」といった具合だ．これは「忌まわしい連言(abominable conjunction)」と呼ばれているが，その初出は次の論文である．

- Keith DeRose, 'Solving the Skeptical Problem', *Philosophical Review* 104, 1–52, 1995.

哲学ではたくさんのパラドクスが発見されてきた．パラドクスについてもっと知りたいという方は，手始めに次の文献から読んでいくといいだろう．

- Mark Sainsbury, *Paradoxes*, 3rd edn., Cambridge University Press, 2009.（R. M. セインズブリー『パラドックスの哲学』，一ノ瀬正樹（訳），勁草書房，1993 年（第 1 版の邦訳））

数あるハリウッド作品の中で，BIV（水槽の中の脳）を利用する過激な懐疑論的仮説に最も近いストーリーの映画は何かと問われたら，本書で登場してもらった『マトリックス』を真っ先に挙げることができる．次の本は，その映画を哲学者たちが大真面目に考察する興味深い 1 冊になっている．

- Christopher Grau ed., *Philosophers Explore the Matrix*, Oxford University Press, 2005.

名作映画の中で見え隠れする様々な懐疑論的なテーマを取り上げたものとしては，次を参照してほしい．

- Philipp Schmerheim, *Skepticism Films: Knowing and Doubting the World in Contemporary Cinema*, Bloomsbury, 2015.

次の本は，シェイクスピアの戯曲作品に登場する懐疑論的モチーフを取り上げており，晦渋ではあるものの，その分素晴らしい見返りがある 1 冊になっている．

- Stanley Cavell, *Disowning Knowledge: In Seven Plays of Shakespeare*, 2nd edn., Cambridge University Press, 2003.（スタンリー・カヴェル『悲劇の構造――シェイクスピアと懐疑の哲学』，中川雄一（訳），春秋社，2016 年）

第 3 章　知識を擁護する

G. E. ムーアは，常識という観点から過激な懐疑論に応答したことで知られるが，その議論は次の 2 つの論文からうかがうことができる．

- G. E. Moore, ‘A Defence of Common Sense’, *Contemporary British Philosophy*, 2nd series, ed. J. H. Muirhead, Allen & Unwin, 1925.（「常識の擁護」，G. E. ムーア『観念論の論駁』所収，國嶋一則（訳），勁草書房，1960 年）
- G. E. Moore, ‘Proof of an External World’, *Proceedings of the British Academy* 25, 273–300, 1939.

ただし注意してほしいのは，ムーアがそこで扱っている懐疑論は，本書で定式化したものとはかなり違っていることだ（現にムーアは，BIV や閉包原理

には一言も触れていない）．ムーア自身は，必ずしも過激な懐疑論に特化した議論を展開したわけではなく，観念論（*idealism*）と呼ぶことのできる見解を論駁することに関心があった．観念論とは簡単に言えば，（本書でも何回か言及した）「外界」など存在しない，とする見解のことである．観念論と外界についての懐疑論は一見よく似ているが，実際はまったく違う主張を行なっている．外界についての懐疑論者は，外界について私たちは何も知ることができないと主張しているのであって，外界などそもそも存在しないと主張しているわけではない．観念論についてもっと知りたければ，次の優れた記事を参考にするとよいだろう．

- Paul Guyer and Rolf-Peter Horstmann, 'Idealism', in *The Stanford Encyclopedia of Philosophy*, ed. E. Zalta (https://plato.stanford.edu/entries/idealism/).

常識に基づいたムーアの戦略を概観するには，次の論文が役立つ．

- Noah Lemos, 'Moore and Skepticism', in *The Oxford Handbook of Skepticism*, ed. J. Greco, 330–47, Oxford University Press, 2008.

トマス・リードの哲学に言及しつつ，常識に基づいた戦略を哲学一般で擁護するものとしては，次の本を参照されたい．

- Noah Lemos, *Common Sense: A Contemporary Defense*, Cambridge University Press, 2004.

特にリードの認識論がどのようなものであったかは，次の論文にあたればよりよく理解できるだろう．

- Ryan Nichols, 'Thomas Reid', in *The Routledge Companion to Epistemology*, ed. S. Bernecker and D. H. Pritchard, 717–29, Routledge, 2010.

日常生活を振り返れば，私たちは（広義のムーア的精神のもと）過激な懐疑論的仮説が偽であるとよく知っているはずだ．こういった日常的な知識のあり様を考え直すことに興味がある方は，次の拙著を手に取ってみてほしい．

- Duncan Pritchard, *Epistemological Disjunctivism*, Oxford University Press, 2012.

この本は，心の哲学で大きな業績を残したことで知られる哲学者ジョン・マクダウェルのアイデアを発展させたものだ．彼のアイデアを知るには，次の論文を参照されたい．

- John McDowell, 'Knowledge and the Internal', *Philosophy and Phenomenological*

Research 55, 877–93, 1995.
次の本は，過激な懐疑論的仮説が偽であるという知識を一風変わった仕方で（とはいえやはり広義のムーア的な仕方で）守ろうとする意欲作である．

- John Greco, *Putting Skeptics in Their Place: The Nature of Skeptical Arguments and Their Role in Philosophical Inquiry*, Cambridge University Press, 2000.

過激な懐疑論に対して文脈主義的な立場から応答しようとする試みは多数あるが，主要なものは次の３つである．

- Keith DeRose, 'Solving the Skeptical Problem', *Philosophical Review* 104, 1–52, 1995.
- David Lewis, 'Elusive Knowledge', *Australasian Journal of Philosophy* 74, 549–67, 1996.
- Stewart Cohen, 'Contextualism and Skepticism', *Philosophical Issues* 10, 94–107, 2000.

また，知識の文脈主義ではなく証拠の文脈主義の可能性を模索する興味深い論考としては，次のラム・ネターによる一連の論文がある．

- Ram Neta, 'S Knows that P', *Noûs* 36, 663–89, 2002.
- Ram Neta, 'Contextualism and the Problem of the External World', *Philosophy and Phenomenological Research* 66, 1–31, 2003.

文脈主義と懐疑論をめぐる議論状況を手っ取り早く概観したいという方は，次の論文を読んでみるとよいだろう．

- Patrick Rysiew, 'Contextualism', in *The Routledge Companion to Epistemology*, ed. S. Bernecker and D. H. Pritchard, 523–35, Routledge, 2010.

「私」や「いま」といった指標詞は，文脈主義というテーマを超えて様々な哲学的問題を生んできた．これについてもっと知りたい方は，次の記事を参照されたい．

- David Braun, 'Indexicals', in *The Stanford Encyclopedia of Philosophy*, ed. E. Zalta (https://plato.stanford.edu/entries/indexicals/).

『確実性の問題』の元になったウィトゲンシュタイン晩年のノートは，次

の著作に収録・翻訳されている．

- Ludwig Wittgenstein, *On Certainty*, ed. G. E. M. Anscombe and G. H. von Wright, trans. D. Paul and G. E. M. Anscombe, Blackwell, 1969.（『確実性の問題』，L. ウィトゲンシュタイン『ウィトゲンシュタイン全集　第9巻』所収，黒田亘(訳)，大修館書店，1975年）

本章で引用したウィトゲンシュタインの2つの文章は，どちらもこの翻訳から持ってきたものである(それぞれ§341-3と§125から)．ただし，ムーアのときと同じく，ウィトゲンシュタインが議論の対象としていた懐疑論は，本書で論じたものとはやはり少々違っていることに注意してほしい．実際，ウィトゲンシュタインはBIVや閉包原理について一言も言及していない．また，この晩年のノートは，ウィトゲンシュタイン自身が編集したわけでも，公に出版しようとしていたわけでもなかったことにも注意してほしい．ウィトゲンシュタインがどのようなことを述べようとしていたかについては，様々な解釈が可能だ．本章で提示したウィトゲンシュタイン解釈は私自身のものだが，より詳しくは，先に挙げた拙著 *Epistemic Angst: Radical Skepticism and the Groundlessness of Our Believing* の第2部を参照されたい．ちなみに，その拙著で論じた通り，私のウィトゲンシュタイン解釈に基づけば，過激な懐疑論が提起する難題を周到に回避しつつ，閉包原理を棄却せずに済む．他にもウィトゲンシュタインの『確実性の問題』と懐疑論の関係を研究する文献は多数ある．次の5つはとりわけ重要な著作である．

- Marie McGinn, *Sense and Certainty: A Dissolution of Scepticism*, Blackwell, 1989.
- Michael Williams, *Unnatural Doubts: Epistemological Realism and the Basis of Scepticism*, Blackwell, 1991.
- Daniele Moyal-Sharrock, *Understanding Wittgenstein's On Certainty*, Palgrave Macmillan, 2004.
- Annalisa Coliva, *Extended Rationality: A Hinge Epistemology*, Palgrave Macmillan, 2015.
- Genia Schönbaumsfeld, *The Illusion of Doubt*, Oxford University Press, 2016.

過激な懐疑論に対するムーア的な応答とウィトゲンシュタイン的な応答を対比させたものとしては，次が参考となるだろう．

- Annalisa Coliva, *Moore and Wittgenstein: Scepticism, Certainty, and Common Sense*, Palgrave Macmillan, 2010.

次の拙論は，ウィトゲンシュタイン的な認識論をめぐる近年の研究状況，そして過激な懐疑論に対するウィトゲンシュタイン的な応答を整理したものである．

- Duncan Pritchard, 'Wittgenstein on Hinge Commitments and Radical Scepticism in *On Certainty*', in *The Blackwell Companion to Wittgenstein*, ed. H.-J. Glock and J. Hyman, 563-75, Blackwell, 2017.

閉包原理を拒否する立場には，(ウィトゲンシュタイン的な応答とはまた違う)よく知られた根拠が2つある．これについては，次の2点をそれぞれ参照してほしい(後者は特に第3部を参照)．

- Fred Dretske, 'Epistemic Operators', *Journal of Philosophy* 67, 1007-23, 1970.
- Robert Nozick, *Philosophical Explanations*, Oxford University Press, 1981. (ロバート・ノージック『考えることを考える』(上・下)，坂本百大ほか(訳)，青土社，1997年)

特に，フレッド・ドレツキとジョン・ホーソーンという2人の哲学者は，閉包原理の拒否をめぐって喧々諤々の議論を行なったことがある．その様子は，次の論集の第2部に収録されている．

- Matthias Steup and Ernest Sosa ed., *Contemporary Debates in Epistemology*, Blackwell, 2005.

この本には，閉包原理を反証しようとするドレツキの論考と閉包原理を立証しようとするホーソーンの論考にくわえて，ドレツキ側から行なったホーソーンに対する反論も掲載されている．

第4章　生き方としての懐疑論

アリストテレスの主著『ニコマコス倫理学』は，倫理に関する独自の見解が展開されたもので，(知的な徳を含む)徳はその中で詳細に議論されている．例によって現代語訳は多数あるが，特に優れたものとしては次を参照してほしい．

- Aristotle, *Nicomachean Ethics*, trans. T. Irwin, 2nd edn., Hackett, 1999.（アリストテレス『新版アリストテレス全集 第15巻 ニコマコス倫理学』，神崎繁（訳），岩波書店，2014年）

アリストテレスの倫理学を概観するには，次の記事が助けとなるだろう．

- Richard Kraut, 'Aristotle's Ethics', in *The Stanford Encyclopedia of Philosophy*, ed. E. Zalta (https://plato.stanford.edu/entries/aristotle-ethics/).

古代ギリシアでは，「倫理」は道徳よりもはるかに広い意味を持つものだった．こうした考えを現代に取り入れることで，生き方について鮮やかに論じた金字塔としては，次の著作がある．

- Bernard Williams, *Ethics and the Limits of Philosophy*, Harvard University Press, 1985.（バーナド・ウィリアムズ『生き方について哲学は何が言えるか』，森際康友・下川潔（訳），ちくま学芸文庫，2020年）

アリストテレスの認識論がどんなものだったかを知りたい方は，次の論文を読んでみるといいだろう．

- Richard Patterson, 'Aristotle', in *The Routledge Companion to Epistemology*, ed. S. Bernecker and D. H. Pritchard, 666–77, Routledge, 2010.

本章でも論じたように，アリストテレスは知的な徳を重視した．次の本は，知的な徳に関するアリストテレス的な見解を現代によみがえらせ，果敢に擁護しようとする野心作である．

- Linda Zagzebski, *Virtues of the Mind: An Inquiry into the Nature of Virtue and the Ethical Foundations of Knowledge*, Cambridge University Press, 1995.

他にも，知識の獲得において知的な徳を重視する立場については，次の3冊が特に大きな影響力を持っている．

- Ernest Sosa, *A Virtue Epistemology: Apt Belief and Reflective Knowledge*, Oxford University Press, 2007.
- Ernest Sosa, *Reflective Knowledge: Apt Belief and Reflective Knowledge, Volume II*, Oxford University Press, 2009.
- John Greco, *Achieving Knowledge: A Virtue-Theoretic Account of Epistemic Normativity*, Cambridge University Press, 2010.（ジョン・グレコ『達成としての知識――認識的規範性に対する徳理論的アプローチ』，上枝美典（訳），勁草書

房，2020 年）
徳認識論（virtue epistemology）を手っ取り早く概観するのなら，次の論文にあたるといいだろう．

- Jonathan Kvanvig, 'Virtue Epistemology', in *The Routledge Companion to Epistemology*, ed. S. Bernecker and D. H. Pritchard, 199–207, Routledge, 2010.

知的な徳に特化した研究を手広く知りたいという方には，次の論文がおすすめだ．

- Heather Battaly, 'Intellectual Virtues', in *The Handbook of Virtue Ethics*, ed. S. van Hooft, 177–87, Acumen, 2014.

近年，知的な徳を体系的に整理し説明しようとする試みが出始めているが，次の著作はその 1 つの成果である．

- Jason Baehr, *The Inquiring Mind: On Intellectual Virtues and Virtue Epistemology*, Oxford University Press, 2011.

他方，知的な悪徳は政治的な文脈において無視できない存在だ．これについて詳しく知りたい方は，次の本を参照してほしい．

- Quassim Cassam, *Vices of the Mind: From the Intellectual to the Political*, Oxford University Press, 2019.

セクストス・エンペイリコス著『ピュロン主義哲学の概要』を現代語訳で読もうとするのであれば，次を参照されたい．

- Sextus Empiricus, *Outlines of Pyrrhonism*, trans. G. Bury, Prometheus Books, 1990.（セクストス・エンペイリコス『ピュロン主義哲学の概要』，金山弥平・金山万里子（訳），京都大学学術出版会，西洋古典叢書，1998 年）

次の記事は，セクストス・エンペイリコスの生涯や哲学を概観するのに最適である．

- Benjamin Morison, 'Sextus Empiricus', in *The Stanford Encyclopedia of Philosophy*, ed. E. Zalta (https://plato.stanford.edu/entries/sextus-empiricus/).

続いてピュロン派懐疑論の概要を知るには，次の論文を読むといいだろう．

- Richard Bett, 'Pyrrhonian Skepticism', in *The Routledge Companion to Epistemology*, ed. S. Bernecker and D. H. Pritchard, Routledge, 2010.

ピュロン主義は，ある種の終わりなき探求として解釈することができる．この解釈を支持するものとしては，次を参照のこと．

- Casey Perin, *The Demands of Reason: An Essay on Pyrrhonian Scepticism*, Oxford University Press, 2012.

ピュロン派懐疑論の中心問題をどのように理解するか，そして日常的な信念をどの程度懐疑論から除外するかといったテーマは，解釈上議論の余地がある．これについては，次の３つの論文を読み比べてみるといいだろう．

- Myles Burnyeat, 'Can the Skeptic Live his Skepticism?', in *Doubt and Dogmatism: Studies in Hellenistic Epistemology*, ed. J. Barnes, M. Burnyeat, and M. Schofield, chapter 3, Clarendon Press, 1980.
- Jonathan Barnes, 'The Beliefs of a Pyrrhonist', *Proceedings of the Cambridge Philological Society* 208, 1–29, 1982.
- Michael Frede, 'The Sceptic's Two Kinds of Assent and the Question of the Possibility of Knowledge', in *Philosophy in History: Essays on the Historiography of Philosophy*, ed. R. Rorty, J. B. Schneewind, and Q. Skinner, chapter 11, Cambridge University Press, 1984.

ピュロン派懐疑論の起源として知られているのは，エリスのピュロンである．彼について詳しく知りたい方は，次の記事にあたることをおすすめする．

- Richard Bett, 'Pyrrho', in *The Stanford Encyclopedia of Philosophy*, ed. E. Zalta (https://plato.stanford.edu/entries/pyrrho/).

本章でも示唆したように，ピュロン派懐疑論の実践と中観派の仏教の間には一定の関連性がある．この関連性が具体的にどんなものかについては，次の２つを参照されたい．

- Christopher Beckwith, *Greek Buddha: Pyrrho's Encounter with Early Buddhism in Central Asia*, Princeton University Press, 2015.
- Robin Brons, 'Life Without Belief: A Madhyamaka Defence of the Liveability of Pyrrhonism', *Philosophy East and West* 68, 329–51, 2018.

中観派の仏教をもっと知りたい方には，次の記事が参考となるはずだ．

- Dan Arnold, 'Madhyamaka Buddhist Philosophy', in *The Internet Encyclopedia of Philosophy*, ed. J. Fieser and B. Dowden (https://www.iep.utm.edu/b-madhya/).

懐疑論は科学革命で重要な役割を担ったとされているが，次の 1 冊はそうした歴史観を展開したことで知られる古典的名著である．

- Richard Popkin, *The History of Scepticism: From Savonarola to Bayle*, revised edn., Oxford University Press, 2003.（リチャード・H. ポプキン『懐疑——近世哲学の源流』，野田又夫・岩坪紹夫(訳)，紀伊國屋書店，1981 年(第 1 版の邦訳)）

古代ギリシアの哲学者たちは，現代とはまるで異なる独特の背景と動機を持っていた．このことを理解するには，わかりやすさで定評がある次の文献にあたるのが最も近道だろう．

- Pierre Hadot, *What is Ancient Philosophy?*, trans. M. Chase, Belknap Press, 2002.

アグリッパのトリレンマを現代の視点から論じたものとしては，次の論文が興味深い議論を行なっている．

- Michael Williams, 'The Agrippan Problem, Then and Now', *International Journal for the Study of Skepticism* 5, 80–106, 2005.

意見の衝突ないしは不一致(disagreement)の認識論に関する近年の研究状況を概観するには，次の記事を読んでみるのがいいだろう．

- Bryan Frances and Jonathan Matheson, 'Disagreement', in *The Stanford Encyclopedia of Philosophy*, ed. E. Zalta (https://plato.stanford.edu/entries/disagreement/).

よく知られているように，同じ証拠を持ち，長い間議論を重ねてきた友人との間に意見の衝突が生じると，私たちは自分の信念に対する自信を保てなくなってしまう．こうした考えについて詳しく知りたい方は，よく参照される次の 3 つの論文にあたってほしい．

- David Christensen, 'Epistemology of Disagreement: The Good News', *Philosophical Review* 116, 187–217, 2007.
- Adam Elga, 'Reflection and Disagreement', *Noûs* 41, 478–502, 2007.
- Richard Feldman, 'Reasonable Religious Disagreements', in *Philosophers Without Gods*, ed. L. Antony, 194–214, Oxford University Press, 2007.

知的に謙虚であることに関する近年の研究を概観するには，次の論文をまず読んでみることをおすすめする．

- Nancy Snow, 'Intellectual Humility', in *The Routledge Handbook of Virtue Epistemology*, ed. H. Battaly, chapter 15, Routledge, 2018.

謙遜（modesty）は，認知の特性上，謙虚であることと密接に関連すると考えられるが，自分の能力や成果を実際よりも低く見積もることが謙遜の正体なのかもしれない．こうした考えを支持し，現在に至るまで大きな影響を及ぼしているのは次の論文である．

- Julia Driver, 'The Virtues of Ignorance', *Journal of Philosophy* 86, 373–84, 1989.

知的に謙虚であることを「自分の限界や弱点を引き受けること」として理解する立場については，次の論文がよく知られている．

- Daniel Whitcomb, Heather Battaly, Jason Baehr, and Daniel Howard-Synder, 'Intellectual Humility : Owning Our Limitations', *Philosophy and Phenomenological Research* 94, 509–39, 2017.

本章で支持された立場，すなわち知的に謙虚であることを他者へと向かう「外向き」のものとして理解する立場については，次を参照されたい．

- Robert Roberts and W. Jay Wood, *Intellectual Virtues : An Essay in Regulative Epistemology*, Oxford University Press, 2007.

また，これと類似した立場は次の２つの論文でも支持されている．

- Maura Priest, 'Intellectual Humility : An Interpersonal Theory', *Ergo* 4, 463–80, 2017.
- Alessandra Tanesini, 'Intellectual Humility as Attitude', *Philosophy and Phenomenological Research* 96, 399–420, 2018.

本章で論じたように，知的に謙虚であることは必ずしも根拠のある自信と衝突するわけではない．つまり，長い間議論を重ねてきた友人との間に意見の衝突が最終的に生じたとしても，私たちは自分の信念に対して自信をなくす必要はない．こうした点についてもっと知りたい方は，次の拙論を参照してほしい．

- Duncan Pritchard, 'Intellectual Humility and the Epistemology of Disagreement', *Synthese* 198, 1711–23, 2021.

日本の読者のための読書案内

ここでは，本書が扱っているテーマに沿いつつ，「参考文献と読書案内」で紹介されていない日本語文献を紹介する．専門的な内容を多く含むものには行末に★を付けているので，文献を渉猟する際の参考にしてほしい．

第 1 章 懐疑論とは何か

認識論

戸田山和久『知識の哲学』，産業図書，2002 年
R. M. チザム『知識の理論』，上枝美典(訳)，世界思想社，2003 年★
ローレンス・バンジョー，アーネスト・ソウザ『認識的正当化――内在主義対外在主義』，上枝美典(訳)，産業図書，2006 年★
笠木雅史「知識論」，納富信留・檜垣立哉・柏端達也(編著)『よくわかる哲学・思想』所収，ミネルヴァ書房，2019 年
上枝美典『現代認識論入門――ゲティア問題から徳認識論まで』，勁草書房，2020 年
八木沢敬『はじめての科学哲学』，岩波書店，2020 年(特に第 1・2 章)

懐疑論全般

伊勢田哲治『哲学思考トレーニング』，ちくま新書，2005 年(特に第 3 章)
佐藤義之・安部浩・戸田剛文(編)『知を愛する者と疑う心――懐疑論八章』，晃洋書房，2008 年★
神山和好『懐疑と確実性』，春秋社，2015 年★
松枝啓至『懐疑主義』，京都大学学術出版会，2016 年
古田徹也『このゲームにはゴールがない――ひとの心の哲学』，筑摩書房，2022 年

科学と疑似科学

伊勢田哲治『疑似科学と科学の哲学』，名古屋大学出版会，2003 年
池内了『疑似科学入門』，岩波書店，2008 年

植原亮『思考力改善ドリル——批判的思考から科学的思考へ』，勁草書房，2020 年(特に第 6 部)

気候変動

江守正多『異常気象と人類の選択』，角川 SSC 新書，2013 年
宇佐美誠『気候崩壊——次世代とともに考える』，岩波ブックレット，2021 年
カーボン・アルマナック・ネットワーク『THE CARBON ALMANAC 気候変動パーフェクト・ガイド——世界 40 カ国 300 人以上が作り上げた資料集』，セス・ゴーディン(編)，宮本寿代(訳)，平田仁子(日本語版監修)，日経ナショナルジオグラフィック，2022 年

ポスト真実の政治，ウンコ議論(デタラメ)，フェイクニュース・陰謀論

林香里『メディア不信——何が問われているのか』，岩波新書，2017 年
リー・マッキンタイア『ポストトゥルース』，大橋完太郎(監訳)，人文書院，2020 年
藤代裕之(編著)『フェイクニュースの生態系』，青弓社，2021 年
笹原和俊『フェイクニュースを科学する——拡散するデマ，陰謀論，プロパガンダのしくみ』，化学同人，2021 年
ハーマン・カペレン，ジョシュ・ディーバー『バッド・ランゲージ——悪い言葉の哲学入門』，葛谷潤ほか(訳)，勁草書房，2022 年(特に第 4 章)
秦正樹『陰謀論——民主主義を揺るがすメカニズム』，中公新書，2022 年
横路佳幸「コロナ禍におけるフェイクニュースとその認識論的苦境」，南山大学社会倫理研究所(編)『社会と倫理』第 37 号，3-19 ページ，2022 年

相対主義

入不二基義『相対主義の極北』，ちくま学芸文庫，2009 年
柏端達也「相対主義・多元主義」，納富信留・檜垣立哉・柏端達也(編著)『よくわかる哲学・思想』所収，ミネルヴァ書房，2019 年
野矢茂樹『語りえぬものを語る』，講談社学術文庫，2020 年
山口裕之『「みんな違ってみんないい」のか？——相対主義と普遍主義の問題』，ちくまプリマー新書，2022 年

専門家と専門知

藤垣裕子『科学者の社会的責任』，岩波書店，2018 年

トム・ニコルズ『専門知は，もういらないのか——無知礼賛と民主主義』，高里ひろ(訳)，みすず書房，2019 年

H・コリンズ，R・エヴァンズ『専門知を再考する』，奥田太郎(監訳)，名古屋大学出版会，2020 年★

ハリー・コリンズ，ロバート・エヴァンズ『民主主義が科学を必要とする理由』，鈴木俊洋(訳)，法政大学出版局，2022 年★

村上陽一郎(編)『「専門家」とは誰か』，晶文社，2022 年

誤りうること(可謬性)

ティモシー・ウィリアムソン『テトラローグ——こっちが正しくて，あんたは間違ってる』，片岡宏仁(訳)，勁草書房，2022 年(特に第 2・3 部)

人生の意味

浦田悠『人生の意味の心理学——実存的な問いを生むこころ』，京都大学学術出版会，2013 年★

戸田山和久『哲学入門』，ちくま新書，2014 年(特に最終章)

長門裕介「「意味」は分配されうるか？——人生の意味の社会哲学的研究」，『現代思想』第 47 巻(特集＝倫理学の論点 23)，197–205 ページ，2019 年

山口尚『幸福と人生の意味の哲学——なぜ私たちは生きていかねばならないのか』，トランスビュー，2019 年

第 2 章 知識はありえないのか

デカルトの思想

小林道夫『デカルト入門』，ちくま新書，2006 年

安孫子信・出口康夫・松田克進(編)『デカルトをめぐる論戦』，京都大学学術出版会，2013 年★

谷川多佳子『デカルト『方法序説』を読む』，岩波現代文庫，2014 年

ドゥニ・カンブシュネル『デカルトはそんなこと言ってない』，津崎良典(訳)，晶文社，2021 年

水槽の中の脳(BIV)，映画『マトリックス』

ヒラリー・パトナム『理性・真理・歴史——内在的実在論の展開』，野本和幸ほか(訳)，法政大学出版局，1994 年(特に第 1 章)★

マーク・ローランズ『哲学の冒険――「マトリックス」でデカルトが解る』，筒井康隆（監修），石塚あおい（訳），集英社インターナショナル，2004年

閉包原理

〔前掲書〕戸田山和久『知識の哲学』（特に第2部）

第3章 知識を擁護する

ムーアの思想

ジョージ・E・ムーア「観念論論駁」，坂本百大（編）『現代哲学基本論文集 II』所収，神野慧一郎（訳），勁草書房，1987年★

〔前掲書〕神山和好『懐疑と確実性』（特に第6章と第7章）

大谷弘「一八世紀スコットランドから二〇世紀ケンブリッジへ――リード，ムーア，ウィトゲンシュタインにおける常識」，青木裕子・大谷弘（編著）『「常識」によって新たな世界は切り拓けるか――コモン・センスの哲学と思想史』所収，晃洋書房，2020年★

リードの思想

トマス・リード『心の哲学』，朝広謙次郎（訳），知泉書館，2004年★

長尾伸一『トマス・リード――実在論・幾何学・ユートピア』，名古屋大学出版会，2004年★

文脈主義

野上志学『デイヴィッド・ルイスの哲学――なぜ世界は複数存在するのか』，青土社，2020年（特に第5章）

〔前掲書〕上枝美典『現代認識論入門――ゲティア問題から徳認識論まで』（特に第7章）

ウィトゲンシュタインの思想

中村昇『いかにしてわたしは哲学にのめりこんだのか』，春秋社，2003年（特に第4講）

山田圭一『ウィトゲンシュタイン 最後の思考――確実性と偶然性の邂逅』，勁草書房，2009年★

鬼界彰夫『ウィトゲンシュタイン思考の生成原理――『確実性について』解析の試み』，皓星社，2020年★

懐疑論と信仰

ジャンニ・パガニーニ『懐疑主義と信仰――ボダンからヒュームまで』，津崎良典ほか(訳)，知泉書館，2020 年★

第 4 章 生き方としての懐疑論

古代の懐疑論

J. アナス，J. バーンズ『古代懐疑主義入門――判断保留の十の方式』，金山弥平(訳)，岩波文庫，2015 年★

クリストファー・シールズ『古代哲学入門――分析的アプローチから』，文景楠ほか(訳)，勁草書房，2022 年(特に第 5 章)

セクストス・エンペイリコスの思想

セクストス・エンペイリコス『学者たちへの論駁(3)』，金山弥平・金山万里子(訳)，京都大学学術出版会，西洋古典叢書，2010 年★

田中龍山『セクストス・エンペイリコスの懐疑主義思想――古代懐疑主義をめぐる批判と回答』，東海大学出版会，2004 年★

アリストテレスの思想

J. O. アームソン『アリストテレス倫理学入門』，雨宮健(訳)，岩波現代文庫，2004 年

日下部吉信『アリストテレス講義・6 講』，晃洋書房，2012 年

菅豊彦『アリストテレス『ニコマコス倫理学』を読む――幸福とは何か』，勁草書房，2016 年

知的な徳

飯塚理恵「倫理的徳と認識的徳」，信原幸弘(編)『ワードマップ 心の哲学――新時代の心の科学をめぐる哲学の問い』所収，新曜社，2017 年

佐藤邦政『善い学びとはなにか――〈問いほぐし〉と〈知の正義〉の教育哲学』，新曜社，2019 年

〔前掲書〕上枝美典『現代認識論入門――ゲティア問題から徳認識論まで』(特に第 8 章)

植原亮「知的徳・知的悪徳・ウェルビーイング――認識論からの善き生へのアプローチ」，東洋大学国際哲学研究センター運営委員会(編)『国際哲学研

究』第 11 号，97-112 ページ，2022 年

幸福と人生

ローベルト・シュペーマン『幸福と仁愛――生の自己実現と他者の地平』，宮本久雄・山脇直司(監訳)，東京大学出版会，2015 年★

青山拓央『幸福はなぜ哲学の問題になるのか』，太田出版，2016 年

古田徹也『不道徳的倫理学講義――人生にとって運とは何か』，ちくま新書，2019 年

成田和信『幸福をめぐる哲学――「大切に思う」ことへと向かって』，勁草書房，2021 年★

金子佳司『自分の人生を考える倫理学』，北樹出版，2022 年

ダンカン・プリチャード
Duncan Pritchard
カリフォルニア大学アーバイン校哲学科特別栄誉教授．認識論を専門とし，さまざまな専門誌上で数百の論文を刊行している．主著に *Epistemic Luck*（Oxford University Press, 2005）, *Epistemological Disjunctivism*（Oxford University Press, 2012）, *Epistemic Angst*（Princeton University Press, 2015）などがある．
日本語への翻訳書として，『知識とは何だろうか —— 認識論入門』（笠木雅史訳，勁草書房，2022年）がある．

横路佳幸
日本学術振興会特別研究員PD／南山大学社会倫理研究所プロジェクト研究員．2019年，慶應義塾大学大学院文学研究科博士課程を単位取得退学．2020年，同大学で博士号（哲学）を取得．専門は哲学，倫理学．
著書に，『同一性と個体 —— 種別概念に基づく統一理論に向けて』（慶應義塾大学出版会，2021年）．主要業績に「非認知主義・不定形性・もつれのほどき —— 分厚い語の意味論」（『倫理学年報』第66集，2017年，日本倫理学会2017年度和辻賞受賞）などがある．

哲学がわかる 懐疑論 —— パラドクスから生き方へ
ダンカン・プリチャード

2023年2月15日 第1刷発行

訳 者 横路佳幸《よころよしゆき》

発行者 坂本政謙

発行所 株式会社 岩波書店
〒101-8002 東京都千代田区一ツ橋 2-5-5
電話案内 03-5210-4000
https://www.iwanami.co.jp/

印刷・精興社 製本・松岳社

ISBN 978-4-00-061581-5 Printed in Japan